이 책의 목차
CONTENTS

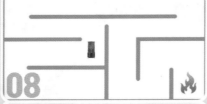

엔트리와 함께 직업 여행을 떠나면서
여러분의 꿈을 잡으세요!

엔트리로 직업 여행 준비하기

건이는 엔트리로 직업 여행을 떠날 거예요. 먼저 엔트리가 어떻게 생기고 어떻게 동작하는지 알아보기로 했어요. 여러분도 재미있는 직업 여행을 떠나기 위해 엔트리를 함께 알아볼까요?

학습목표
▸ 엔트리의 화면 구성과 기능에 대해 알아봅니다.
▸ 엔트리 장면을 확인하고 저장하는 방법에 대해 알아봅니다.
▸ 오브젝트가 이동하는 것을 확인해 봅니다.

MISSION

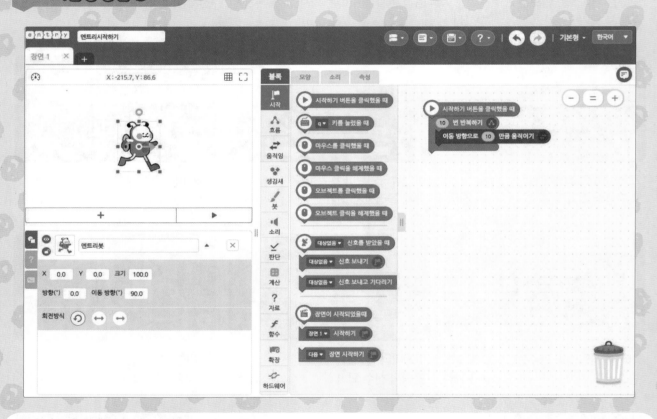

✅ 사용할 주요 블록

시작하기 버튼을 클릭했을 때	장면의 시작하기 버튼을 클릭했을 때 연결된 블록들이 실행됩니다.
10 번 반복하기	지정된 횟수만큼 블록 안쪽에 연결된 블록을 실행합니다.
이동 방향으로 10 만큼 움직이기	오브젝트의 이동 방향으로 지정한 값만큼 움직입니다.

1 엔트리 화면 구성

엔트리는 명령 블록을 보여주는 블록 꾸러미와 블록을 조립할 수 있는 블록 조립소, 명령 블록에 따라 오브젝트가 동작하는 장면으로 구성되어 있습니다.

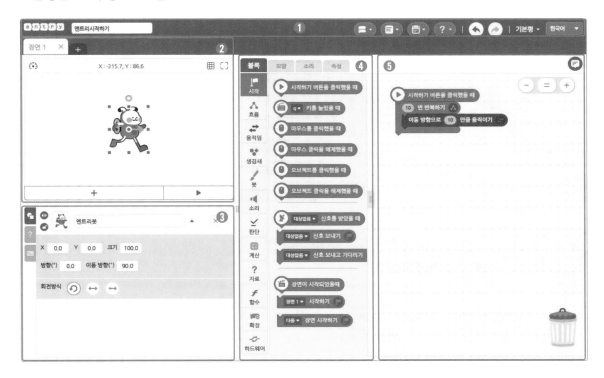

❶ **상단 메뉴** : 작품 이름이 표시되며 '코딩 방식( )', '새로 만들기 및 작품 불러오기( )', '저장하기( )', '블록 도움말( )', '되돌리기 및 다시 실행( )' 등의 메뉴로 구성되어 있습니다.

❷ **장면** : 새로운 장면을 추가하거나 삭제( )할 수 있으며 코딩한 결과를 확인할 수 있습니다. 또 오브젝트를 추가( )하거나 코딩할 블록을 실행( )할 수 있습니다.

❸ **오브젝트 목록** : 추가된 오브젝트 목록이 표시되며 오브젝트를 삭제( )하거나 크기를 변경할 수 있으며, 이동 방향과 회전 방식( ) 등을 지정할 수 있습니다.

❹ **블록 꾸러미** : [블록], [모양], [소리], [속성] 탭으로 구성되어 있습니다.
  • [블록] 탭 : 명령을 내릴 수 있는 블록들이 꾸러미 형태로 제공되며 각 꾸러미를 클릭하면 다양한 명령 블록들이 표시됩니다.
  • [모양] 탭 : 오브젝트의 모양을 그리거나 추가/삭제할 수 있습니다.
  • [소리] 탭 : 장면에서 사용할 소리를 추가하거나 삭제할 수 있습니다.
  • [속성] 탭 : 변수와 신호, 리스트, 함수를 추가할 수 있습니다.

❺ **블록 조립소** : 블록 꾸러미에서 블록을 드래그하여 조립할 수 있는 공간입니다.
  • 블록 조립소 화면 비율( ) : 블록 조립소의 화면 비율을 작게 하거나 크게 변경할 수 있습니다.
  • 휴지통( ) : 블록 조립소에 있는 블록을 드래그하여 삭제할 수 있습니다.

② 엔트리 장면과 블록 다루기

① 장면에 격자와 좌표계를 표시하기 위해 장면 위쪽의 ⊞(모눈종이)를 클릭해 봅니다. 다시 ⊞를 클릭하면 격자와 좌표계가 없어집니다.

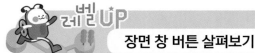

장면 창 버튼 살펴보기

- 🕑 : 작품이 화면에서 실행되는 속도를 조절합니다.
- X : 98.3, Y : 57.6 : 마우스 포인터가 위치한 좌표를 표시합니다.
- ⊞ : 장면 배경에 격자와 좌표계를 표시합니다.
- ⬚ : 장면을 큰 창으로 보여줍니다.

② [블록 조립소]의 화면 비율을 조정하기 위해 ⊞를 클릭하여 화면 비율을 확대해 봅니다.

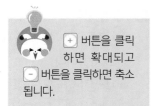

⊞ 버튼을 클릭하면 확대되고 ⊟ 버튼을 클릭하면 축소됩니다.

③ [블록 조립소]의 화면 비율을 원래 크기(100%)로 만들기 위해 ⊟를 클릭합니다.

④ [블록 조립소]에 있는 블록을 삭제하기 위해 휴지통으로 드래그합니다. 휴지통 위에 블록이 위치하면 휴지통 뚜껑이 열리고 그때 드롭하면 블록이 삭제됩니다.

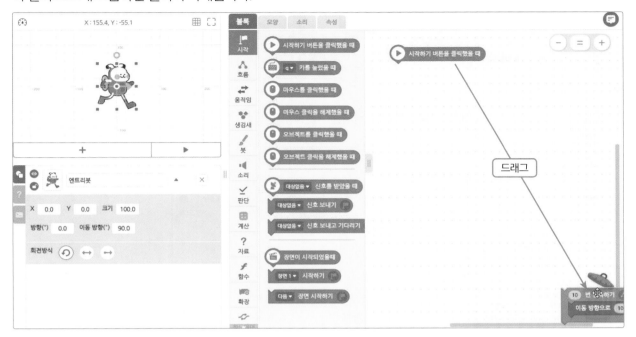

⑤ 상단 메뉴에서 입력 취소( )를 클릭하면 삭제한 작업이 취소되어 다시 블록이 표시됩니다.

③ 엔트리 실행하고 저장하기

① 코딩을 모두 마쳤다면 실제로 장면이 어떻게 움직이는지 확인해야겠죠? 시작하기(▶) 버튼을 클릭하면 블록 조립소에 코딩된 순서대로 오브젝트가 움직이는 것을 확인할 수 있습니다.

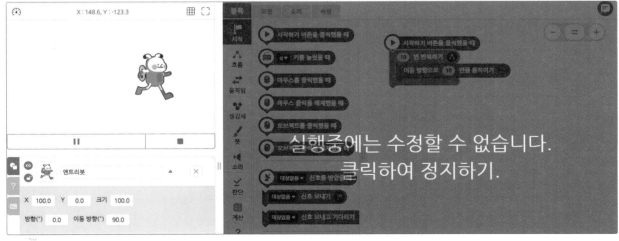

 실행을 중지하려면 정지하기(■) 버튼을 클릭하거나 [블록 조립소] 위를 마우스로 클릭하면 됩니다.

❷ 작품을 저장하기 위해 상단 메뉴에서 [저장하기()]-[저장하기]를 클릭합니다.

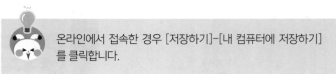

온라인에서 접속한 경우 [저장하기]-[내 컴퓨터에 저장하기]를 클릭합니다.

❸ [다른 이름으로 저장] 대화상자에서 저장할 위치를 지정하고 파일 이름을 "엔트리"로 입력한 후 [저장] 버튼을 클릭합니다.

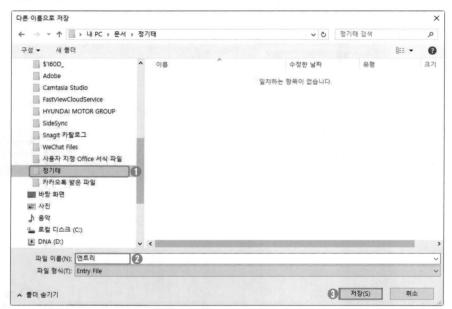

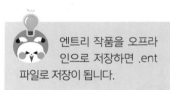

엔트리 작품을 오프라인으로 저장하면 .ent 파일로 저장이 됩니다.

레벨UP

저장한 작품 불러오기

상단 메뉴에서 [파일]-[오프라인 작품 불러오기]를 선택하고 [열기] 대화상자에서 저장한 파일을 선택해 불러올 수 있습니다.

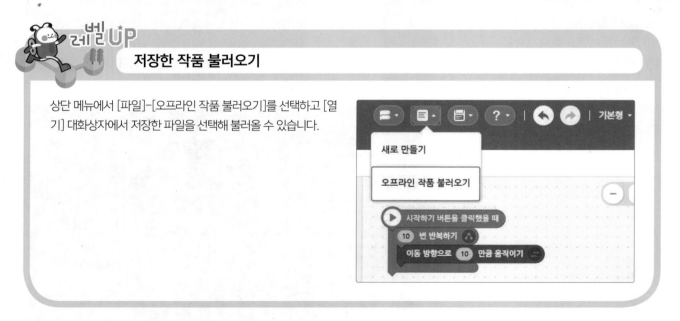

1 블록 꾸러미의 [모양] 탭에서 펜(✏)을 선택해 그림처럼 선을 그려보세요.

2 [저장하기]를 선택하여 그림을 저장한 후 장면에 그림이 적용되는지 확인해 보세요.

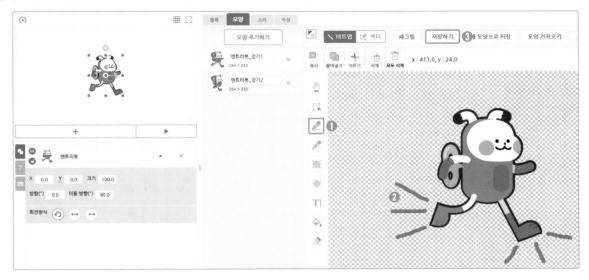

3 [블록] 탭을 클릭하고 [이동 방향으로 10 만큼 움직이기]의 값을 '20'으로 변경한 후 🕐를 클릭해 장면 실행 속도를 가장 느리게 만든 다음 시작하기(▶) 버튼을 클릭해 보세요.

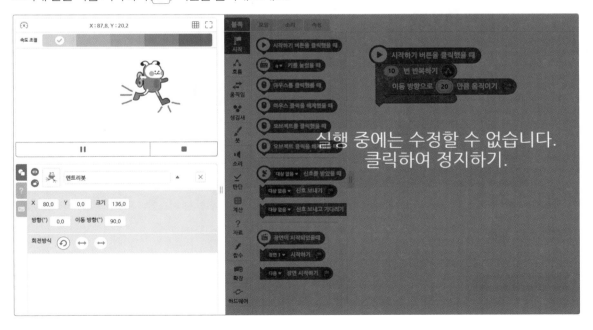

뉴욕에서 모델 되기

02

패션의 도시 뉴욕에 찾아간 기태는 키도 크고 멋진 모델 아저씨를 보게 되었어요. 멋 부리기 좋아하는 기태는 자신도 멋진 옷을 입고 사람들에게 보여줄 수 있는 모델이라는 직업에 도전해 보고 싶어졌어요. 우리가 기태가 커서 모델이 되었을 때를 생각하며 직접 꾸며 볼까요?

▸ 오브젝트에 대해 알아봅니다.
▸ 오브젝트를 추가하고 삭제하는 방법을 알아봅니다.
▸ 오브젝트를 지정한 시간과 위치로 이동하는 방법을 알아봅니다.

실습파일 : 이미지 파일(남자, 남자바지, 남자상의, 남자수염, 남자안경, 뉴욕)　　**완성파일** : 모델되기.ent

MISSION

오브젝트가 여러 개일 경우 오브젝트의 순서에 따라 위로 위치하게 됩니다. 오브젝트를 추가해 크기와 순서를 변경해 장면을 만들고 멋진 아저씨의 수염이 얼굴에 위치하도록 만들어 보세요.

✅ 사용할 주요 블록

▶ 시작하기 버튼을 클릭했을 때	장면의 시작하기 버튼을 클릭했을 때 연결된 블록들이 실행됩니다.
2 초 동안 x: 10 y: 10 위치로 이동하기	오브젝트가 입력한 초 동안 입력한 좌표 위치로 이동됩니다.

1 오브젝트 삭제하고 추가하기

① 엔트리가 실행되면 기본으로 추가되어 있는 '엔트리봇' 오브젝트를 삭제하기 위해 오브젝트 목록에서 '엔트리봇'을 선택하고 삭제(×)를 클릭합니다.

② 오브젝트를 추가하기 위해 오브젝트 추가하기(+)를 클릭합니다.

 오브젝트가 삭제되면 오브젝트에 적용되어 있던 블록들도 함께 삭제됩니다.

③ [오브젝트 추가하기] 대화상자가 나타나면 [파일 올리기] 탭을 클릭하고 [파일 올리기]를 클릭합니다.

 **레벨 UP**

오브젝트 살펴보기

❶ **방향점** : 방향점을 드래그하면 중심점을 기준으로 오브젝트가 회전됩니다.

❷ **중심점** : 오브젝트가 회전하거나 이동할 때의 중심점이 됩니다. 오브젝트의 좌표도 중심점을 기준으로 표시됩니다.

❸ **이동 방향** : 오브젝트가 이동하는 방향을 나타냅니다.

❹ **크기 조절점** : 드래그하여 오브젝트의 크기를 조절할 수 있습니다.

❹ [열기] 대화상자가 나타나면 [실습파일]-[2차시]의 '남자', '남자바지', '남자상의', '남자수염', '남자안경', '뉴욕'을
선택하고 [열기] 버튼을 클릭합니다.

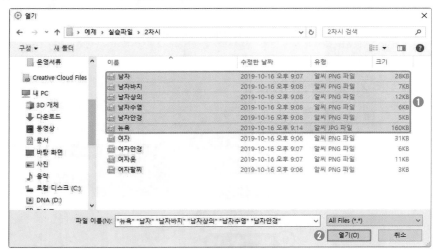

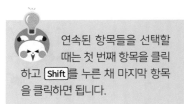

연속된 항목들을 선택할 때는 첫 번째 항목을 클릭하고 Shift 를 누른 채 마지막 항목을 클릭하면 됩니다.

❺ [오브젝트 추가하기] 대화상자에 그림이 추가되면 [추가하기] 버튼을 클릭해 장면에 추가합니다.

레레UP

오브젝트 추가하기

[오브젝트 선택] 탭을 이용하면 엔트리에서 제공하는
다양한 오브젝트를 추가할 수 있습니다.

❻ '뉴욕' 오브젝트를 선택하고 크기 조절점을 드래그하여 장면에 꽉 차도록 크기를 조절한 후 오브젝트 목록에서 '뉴욕' 오브젝트를 가장 아래쪽으로 드래그하여 이동합니다.

오브젝트 순서

오브젝트가 많을 경우 오브젝트 목록을 이용해 장면에서 보여지는 순서를 정해야 합니다. 목록에서 가장 위쪽에 위치하면 장면에서도 가장 위에 보이게 됩니다.

❼ 같은 방법으로 오브젝트의 크기와 순서를 조절하여 그림처럼 모델이 옷을 입은 것처럼 만들어 봅니다.

❷ 지정한 좌표로 오브젝트 이동시키기

❶ [시작하기] 버튼을 클릭했을 때 '남자수염' 오브젝트가 이동하도록 만들기 위해 '남자수염' 오브젝트를 클릭하여 선택하고 [블록 꾸러미]-[블록] 탭-을 클릭한 후 （▶ 시작하기 버튼을 클릭했을 때）를 [블록 조립소]로 드래그합니다.

장면에서 '남자수염' 오브젝트를 클릭하거나 오브젝트 목록에서 '남자수염' 오브젝트를 클릭합니다.

❷ ![움직임]을 클릭하고 ![2 초 동안 x: 10 y: 10 위치로 이동하기] 를 [블록 조립소]로 드래그하여 아래쪽에 연결합니다.

❸ 현재 '남자수염' 오브젝트의 위치를 오브젝트 목록에서 확인하고 블록의 x와 y의 좌푯값에 입력한 후 오브젝트를 왼쪽으로 드래그하여 이동시킵니다.

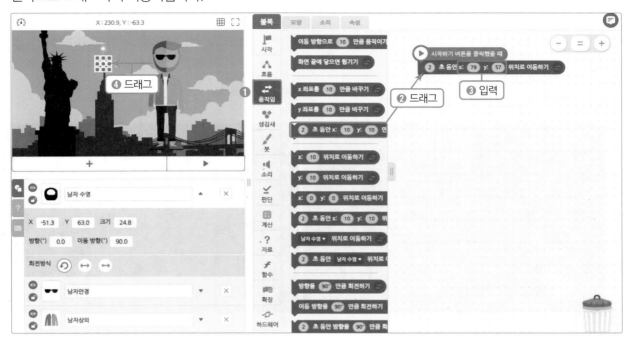

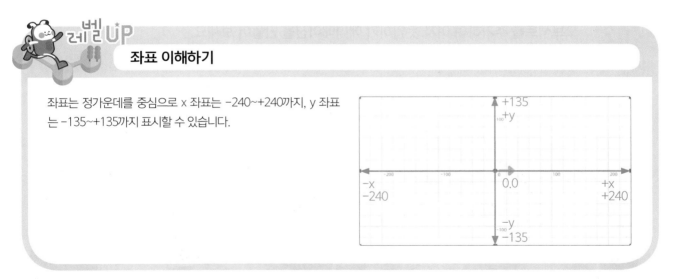

좌표 이해하기

좌표는 정가운데를 중심으로 x 좌표는 −240~+240까지, y 좌표는 −135~+135까지 표시할 수 있습니다.

❹ 시작하기(▶)를 클릭하면 '남자수염' 오브젝트가 2초 동안 왼쪽에서 사람 얼굴 위로 이동하는 것을 확인할 수 있습니다.

01 오브젝트를 추가하여 [시작하기]를 누르면 오브젝트가 다음과 같이 이동하는 코드를 완성해 보세요.

완성파일 : 우주선.ent

- 사용할 오브젝트 : [오브젝트 선택]-[배경]의 '우주(2)', [탈것]의 '로켓(2)'
- 이동할 좌표 : x는 90, y는 60으로 이동

처음 시작 위치

시작하기를 누르면 지정한 좌표로 이동

02 오브젝트를 추가하여 여자 옷입히기 애니메이션을 만들어 보세요.

실습파일 : 이미지 파일(여자, 여자안경, 여자옷, 여자팔찌)   완성파일 : 옷입히기.ent

- 사용할 오브젝트 : [실습파일]-[2차시]의 '여자', '여자안경', '여자옷', '여자팔찌', [배경]의 '조명이 있는 무대'

처음 시작 위치

시작하기를 누르면 지정한 좌표로 이동

HINT

먼저 이동할 위치에 오브젝트를 배치하고 이동할 좌표를 입력한 후 시작 지점으로 오브젝트를 이동합니다.

학교 선생님 되기

03

학교 시험 대비를 위해 동생들을 가르치면서 보람을 느낀 희영이는 미래에 선생님이 되고 싶어졌어요. 학생에게 경험한 내용들을 알려주기도 하고 지식을 가르치면서 보람도 느끼는 선생님이 될 수 있도록 여러분이 도와주세요.

▷ 말풍선을 이용해 말하는 방법을 알아봅니다.
▷ 여러 개의 블록을 연결하는 방법을 알아봅니다.
▷ 스토리를 구성하는 방법을 알아봅니다.

실습파일 : 일일교사.ent　　**완성파일** : 일일교사(완성).ent

MISSION

여러분이 선생님이 되어 학생들을 가르치는 스토리를 만들고 번갈아 가며 말하도록 코딩합니다. 한 사람의 말이 끝나면 해당 시간을 기다린 후 다른 사람이 말하도록 시간을 계산해 코딩해 봅니다.

시작하기를 클릭하면 선생님이 말하기	학생은 선생님이 말하는 시간을 기다렸다가 말하기
얘들아 안녕! 수업을 시작하자	하하하하하~~~

☑ 사용할 주요 블록

안녕! 을(를) 4 초 동안 말하기 ▼	입력한 내용을 입력한 시간 동안 말풍선으로 말한 후 다음 블록을 실행합니다.
안녕! 을(를) 말하기 ▼	입력한 내용을 말풍선으로 말하는 동시에 다음 블록을 실행합니다.
2 초 기다리기	입력한 시간만큼 기다린 후 다음 블록을 실행합니다.

1 오브젝트가 대화하는 장면 만들기

① 저장되어 있는 엔트리 작품을 불러오기 위해 [파일( )]
 -[오프라인 작품 불러오기]를 선택한 후 [열기] 대화상자에
 서 [실습파일]-[3차시]에 있는 '일일교사.ent'를 선택하고
 [열기] 버튼을 클릭합니다.

② 장면에서 '선생님' 오브젝트를 선택하고 의 를 [블록 조립소]로 드래그하여 추가합니다.

③ 의 를 연결하고 글자 입력란에 "얘들아 안녕! 수업을 시작하자"를 입력한 후 초를 '2'
 로 변경합니다.

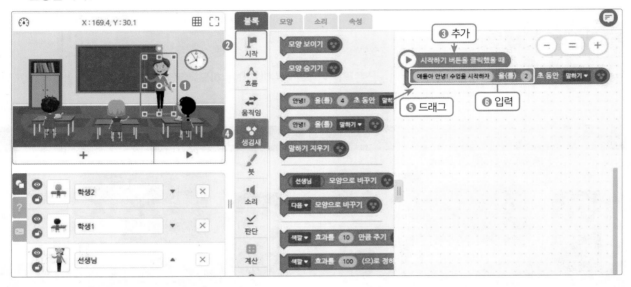

④ 장면에서 '학생1' 오브젝트를 선택하고 의 를 [블록 조립소]로 드래그하여 추가한 후 의
 를 연결합니다.

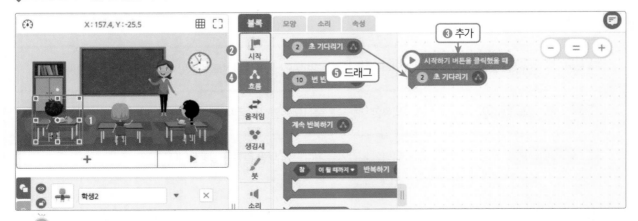

 '선생님' 오브젝트가 2초 동안 말을 하므로 '학생1' 오브젝트는 시작하기 버튼이 클릭된 후 2초간 기다렸다가 '선생님' 오브젝트
 의 말이 끝나면 말을 시작하게 만듭니다.

⑤ 의 안녕! 을(를) ④ 초 동안 말하기 ▼ 를 연결하고 글자 입력란에 "선생님 질문있어요~"를 입력한 후 초를 '2'로 변경합니다.

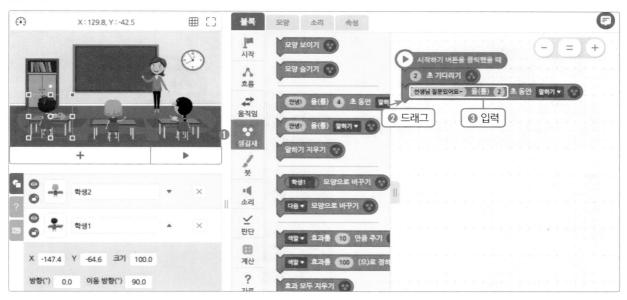

⑥ 장면에서 '선생님' 오브젝트를 선택하고 흐름 의 ② 초 기다리기 를 연결합니다. 생김새 의 안녕! 을(를) ④ 초 동안 말하기 ▼ 를 연결하고 글자 입력란에 "뭐가 궁금하니 기태야?"를 입력한 후, 초를 '2'로 변경합니다.

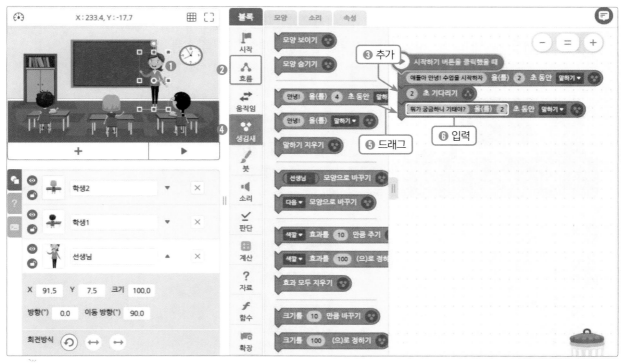

'학생1' 오브젝트가 2초 동안 말을 하므로 '선생님' 오브젝트는 2초간 기다렸다가 '학생1' 오브젝트의 말이 끝나면 말을 시작하게 만듭니다.

⑦ 장면에서 '학생1' 오브젝트를 선택하고 △ 의 ❨2 초 기다리기❩를 연결한 후 ❨ ❩의 ❨안녕! 을(를) 4 초 동안 말하기❩를 연결하고 글자 입력란에 "선생님은 꿈이 선생님이었어요?"를, 초를 '2'로 변경합니다.

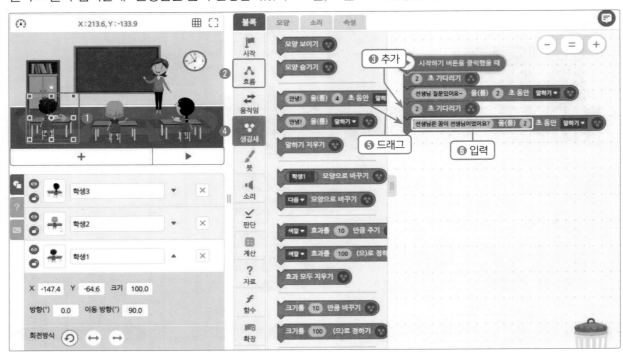

⑧ 다시 장면에서 '선생님' 오브젝트를 선택하고 △ 의 ❨2 초 기다리기❩를 연결한 후 ❨ ❩의 ❨안녕! 을(를) 4 초 동안 말하기❩를 연결하고 글자 입력란에 "그럼~ 선생님이 되기 위해 열심히 공부했어요."를, 초를 '2'로 변경합니다.

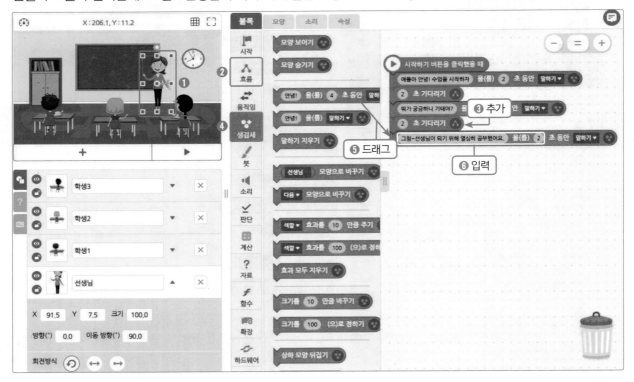

⑨ '학생1' 오브젝트를 선택하고 [흐름]의 〔2 초 기다리기〕를 연결한 후 [생김새]의 〔안녕! 을(를) 4 초 동안 말하기〕를 연결하고 글자 입력란에 "ㅠㅠ 선생님이 되려면 공부를 잘해야 되나보네요"를, 초를 '2'로 변경합니다.

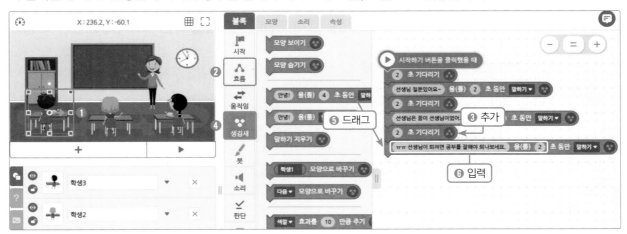

⑩ 이번엔 장면에서 '학생2' 오브젝트를 선택하고 [시작]의 〔시작하기 버튼을 클릭했을 때〕를 [블록 조립소]로 드래그하여 추가합니다.

⑪ [흐름]의 〔2 초 기다리기〕를 연결하고 초를 '12'로 변경한 후 [생김새]의 〔안녕! 을(를) 말하기〕를 연결하고 글자 입력란에 "하하하하하~~~"를 입력합니다.

 '선생님'과 '학생1' 오브젝트가 말한 시간이 총 12초이므로 시작하기 버튼을 클릭한 후 12초를 기다리고 말을 하도록 만듭니다.

레벨 UP

〔안녕! 을(를) 4 초 동안 말하기〕 블록과 〔안녕! 을(를) 말하기〕 블록의 차이점

• 오브젝트가 말을 하는 것은 같으나 〔안녕! 을(를) 4 초 동안 말하기〕 블록은 지정한 시간 동안만 말을 하고 말풍선이 사라집니다. 하지만 〔안녕! 을(를) 말하기〕 블록은 말풍선이 계속 표시됩니다.

• 〔안녕! 을(를) 4 초 동안 말하기〕 블록은 지정한 시간이 지나야 다음 블록이 실행되지만 〔안녕! 을(를) 말하기〕 블록은 바로 다음 블록이 실행됩니다.

01 달에 착륙한 우주인과 달에 살고 있는 토끼가 만나 이야기를 하는 스토리를 완성해 보세요.

주인공	대화	시간
우주인	드디어 달에 착륙했다~ 오버!!	2초
토끼	아우 시끄러워라. 남의 집에서 뭐하는 거예요?	2초
우주인		
토끼		
우주인		
토끼		
우주인		
토끼		

02 위에서 완성한 스토리대로 이야기를 나누도록 코딩해 보세요.

실습파일 : 달착륙.ent

춤추는 댄서 되기

콘서트에 놀러간 기태는 멋지게 춤을 추는 댄서들을 보고 춤을 배우고 싶어졌어요. 음악에 맞춰 춤추는 멋진 댄서가 되려면 꾸준히 연습해야 되겠죠? 여러분이 멋진 춤을 추는 유니콘을 만들어 기태와 함께 춤을 추게 해주세요.

학습목표
▹ 오브젝트의 모양과 크기를 변경할 수 있습니다.
▹ 블록을 반복하여 실행할 수 있습니다.
▹ 오브젝트가 움직이는 모양을 만들 수 있습니다.

실습파일 : 댄서.ent, 댄스2.png, 댄스3.png   **완성파일** : 댄서(완성).ent

MISSION

반복 블록을 활용하면 지정한 횟수만큼 쉽게 반복하여 실행시킬 수 있습니다. 오브젝트의 모양을 변경하는 블록을 반복 블록 안에 연결하여 멋진 춤을 추는 장면을 만들어 보세요.

반복해서 모양을 변경

오브젝트의 크기를 크게 하고 반복해서 모양을 변경

✅ 사용할 주요 블록

10 번 반복하기	입력한 횟수만큼 감싸고 있는 블록들을 반복해서 실행합니다.
다음 ▼ 모양으로 바꾸기	오브젝트의 모양을 다음 또는 이전 모양으로 바꿉니다.
크기를 10 만큼 바꾸기	오브젝트의 크기를 입력한 값만큼 바꿉니다.

오브젝트 모양 추가하기

❶ [파일(■·)]–[오프라인 작품 불러오기]를 선택한 후 [열기] 대화상자에서 [실습파일]–[4차시]에 있는 '댄서.ent' 를 선택하고 [열기] 버튼을 클릭합니다.

❷ 오브젝트 모양을 추가하기 위해 '댄스1' 오브젝트를 선택하고 [모양] 탭의 [모양 추가하기] 버튼을 클릭합니다.

> 하나의 오브젝트에 여러 개의 그림을 추가하여 원하는 모양으로 변경할 수 있습니다.

❸ [모양 추가하기] 대화상자가 나타나면 [파일 올리기]–[파일 올리기]를 클릭합니다.

❹ [열기] 대화상자가 나타나면 '댄스2'와 '댄스3'을 선택하고 [열기] 버튼을 클릭한 후 [모양 추가하기] 대화상자에서 [추가하기] 버튼을 클릭합니다.

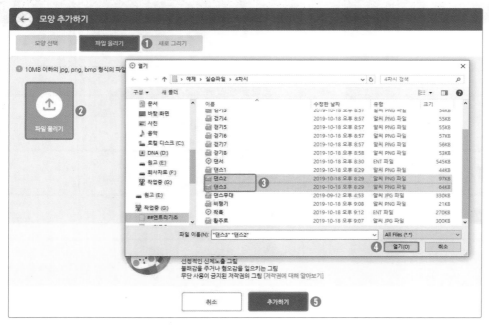

 '댄스2'를 클릭하고 Ctrl을 누른 채 '댄스3'을 클릭하면 한꺼번에 선택할 수 있습니다.

② 반복해서 모양을 바꾸기

① 추가된 모양을 반복해서 바꾸기 위해 [블록] 탭을 클릭한 후 ⬛시작의 ▶시작하기 버튼을 클릭했을 때 를 [블록 조립소]로 드래그하여 추가합니다.

② ⬛흐름의 ⎰10 번 반복하기⎱를 드래그하여 연결한 후 횟수를 '9'로 지정합니다.

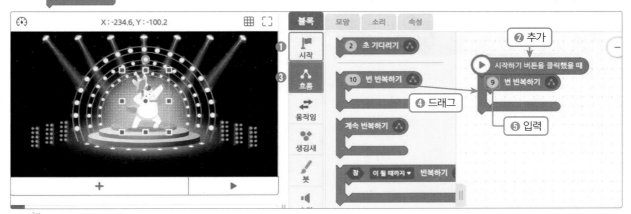

· 모양을 추가하고 [블록] 탭을 클릭했을 때 수정된 내용의 저장 여부를 묻는 창이 나타나는 경우도 있습니다. 이 경우 [확인] 버튼을 클릭하면 됩니다.
· 반복 블록이 감싸고 있는 블록들을 9번 반복해서 실행합니다.

③ 오브젝트의 모양을 바꾸기 위해 ⬛생김새의 ⎰다음 ▼ 모양으로 바꾸기⎱를 반복 블록 안에 연결합니다.

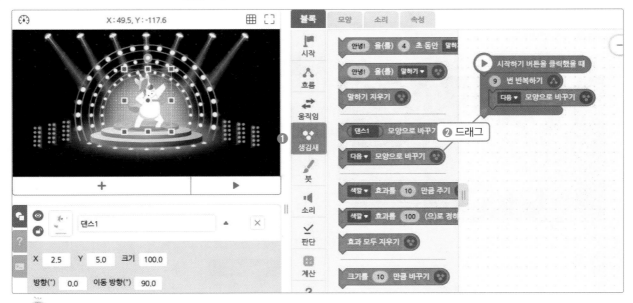

현재 선택된 모양의 다음 모양으로 변경됩니다. 반복 블록 안에 블록이 있으므로 댄스1~댄스3 모양이 9번 반복하여 바뀌게 됩니다.

④ 모양이 바뀌고 잠깐 기다리기 위해 의 `2 초 기다리기` 를 반복 블록 안에 연결한 후 초를 '0.3'으로 변경합니다.

💡 기다리기 블록을 추가하지 않으면 순식간에 9번 반복해서 모양이 바뀌게 되므로 동작을 눈으로 확인할 수 없습니다.

3 코드 복사하고 오브젝트 크기 바꾸기

❶ 완성된 반복 블록을 복사하기 위해 `9 번 반복하기` 블록 위에서 마우스 오른쪽 버튼을 클릭하고 [코드 복사 & 붙여넣기]를 선택합니다.

💡 블록을 복사하면 반복 블록 안의 블록들과 아래에 연결된 블록들까지 함께 복사됩니다.

② 반복 블록이 복사되면 마우스로 드래그하여 아래쪽에 연결합니다.

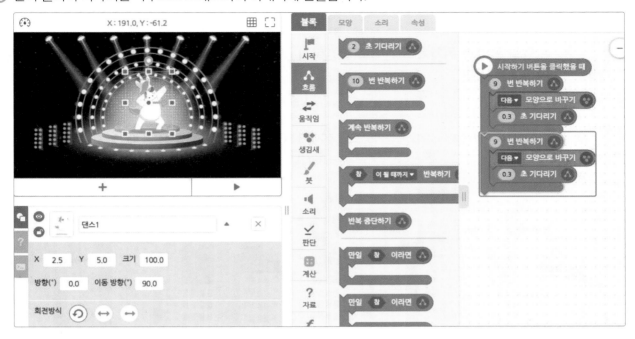

③ 첫 번째 반복 블록의 실행이 끝나면 오브젝트의 크기를 크게 만들어 다시 반복시키기 위해 [생김새]의 [크기를 10 만큼 바꾸기]를 반복 블록 사이에 연결한 후 크기를 '90'으로 변경합니다.

오브젝트의 크기 값을 + 값만큼 바꾸면 오브젝트의 크기가 커지고 - 값만큼 바꾸면 오브젝트의 크기가 작아집니다. 오브젝트의 원래 크기가 '100'이므로, 크기를 '90'만큼 바꾸면 크기가 '190'이 됩니다.

01 사람의 모양과 위치를 조건대로 변경하여 [시작하기]를 클릭하면 자연스럽게 걷는 동작을 만들어 보세요.

실습파일 : 걷기.ent, 걷기2~걷기8.png　　　완성파일 : 걷기(완성).ent

❶ '걷기1' 오브젝트의 모양에 '걷기2'~'걷기8' 모양 추가 ➜ ❷ 시작하기 버튼을 클릭했을 때 ➜ ❸ ❹~❻을 40번 반복하기 ➜ ❹ 다음 모양으로 바꾸고 ➜ ❺ 0.2초 기다리기 ➜ ❻ x 좌표를 10만큼 바꾸기

💡 HINT

🔁 움직임 의 ▸ x 좌표를 10 만큼 바꾸기 를 반복 블록 안에 추가

02 비행기의 위치와 크기를 조건대로 변경하여 [시작하기]를 클릭하면 비행기가 착륙하는 모양을 만들어 보세요.

실습파일 : 착륙.ent　　　완성파일 : 착륙(완성).ent

❶ 시작하기 버튼을 클릭했을 때 ➜ ❷ ❸~❺를 20번 반복하기 ➜ ❸ y 좌표를 −5만큼 바꾸고 ➜ ❹ 크기를 10만큼 바꾸기 ➜ ❺ 0.2초 기다리기

💡 HINT

🔁 움직임 의 ▸ y 좌표를 10 만큼 바꾸기 를 반복 블록 안에 추가

숨어 있는 도둑을 잡아라~ 나는야 경찰관!

시율이는 나쁜 사람들을 붙잡고 어려운 사람들을 도와주는 경찰관이 되는 것이 꿈이에요. 경찰복을 입은 경찰관을 볼 때마다 꼭 커서 경찰관이 되겠다고 다짐했죠. 여러분이 경찰관이 된 시율이가 도둑을 잡는 장면을 만들어 주세요.

학습목표
▸ 오브젝트가 숨었다가 보이는 방법을 알아봅니다.
▸ 오브젝트가 임의의 위치에서 나타나도록 만들 수 있습니다.
▸ 계속 반복해서 실행하도록 만들 수 있습니다.

실습파일 : 경찰관되기.ent　　**완성파일** : 경찰관되기(완성).ent

MISSION

도둑은 경찰을 보고 숨었다 나타났다를 반복하고, 경찰은 도둑이 어디 있는지 찾고 있는 장면을 만들어 보세요. 도둑이 무작위 위치로 이동하기 위한 블록도 잘 살펴보세요.

경찰이 좌우로 번갈아가며 도둑을 찾는 모습　　도둑이 임의의 위치에 나타나 말을 하고 숨는 모습

앗! 경찰이다

☑ 사용할 주요 블록

좌우 모양 뒤집기	오브젝트의 좌우 모양을 뒤집습니다.
x: 0 y: 0 위치로 이동하기	오브젝트가 입력한 좌표(x, y)로 이동합니다.
0 부터 10 사이의 무작위 수	입력한 두 수 사이의 무작위 수 값입니다.
모양 보이기	오브젝트를 실행화면에 보이게 합니다.
모양 숨기기	오브젝트를 실행화면에서 숨깁니다.
계속 반복하기	감싸고 있는 블록들을 계속해서 반복 실행합니다.

1 경찰 오브젝트가 좌우로 살피기

❶ [파일(📄▾)]-[오프라인 작품 불러오기]를 선택한 후 [열기] 대화상자에서 [실습파일]-[5차시]에 있는 '경찰관되기.ent'를 선택하고 [열기] 버튼을 클릭합니다.

❷ '경찰1' 오브젝트를 선택하고 [시작]의 ⊙ 시작하기 버튼을 클릭했을 때 를 드래그하여 추가한 후 [흐름]의 계속 반복하기 를 아래에 연결합니다.

❸ 1초 기다렸다가 오브젝트의 모양을 좌우로 뒤집기 위해 [흐름]의 2 초 기다리기 를 반복 블록 안에 연결하고 초를 '1'로 변경한 후 [생김새]의 좌우 모양 뒤집기 를 아래에 연결합니다.

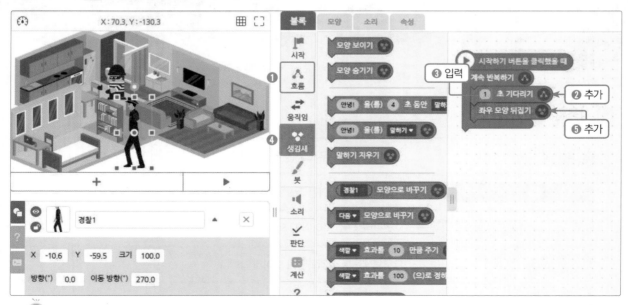

 좌우 모양 뒤집기 블록이 실행되면 오브젝트가 좌우 대칭으로 뒤집히게 됩니다.

② 도둑 오브젝트가 임의의 위치에 나타났다 사라지기

❶ '도둑' 오브젝트를 선택하고 [시작]의 ▶ 시작하기 버튼을 클릭했을 때 를 드래그하여 추가한 후 [흐름]의 계속 반복하기 를 아래에 연결합니다.

❷ '도둑' 오브젝트를 이동시키기 위해 [움직임]의 x: 0 y: 0 위치로 이동하기 를 반복 블록 안에 연결합니다.

❸ 의 `0 부터 10 사이의 무작위 수`를 x와 y 좌표 입력란에 끼워 넣고 x 좌표는 '−100'부터 '100' 사이로, y 좌표는 '−50'부터 '50' 사이로 값을 변경합니다.

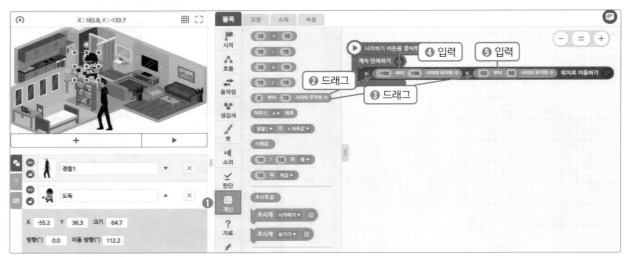

레벨UP

임의의 좌푯값 구하기

x 좌표가 −100부터 100 사이의 무작위 수이고 y 좌표가 −50부터 50 사이의 무작위 수가 되므로, x −100, y −50부터 x 100, y 50 사이 임의의 좌표로 오브젝트가 이동합니다.

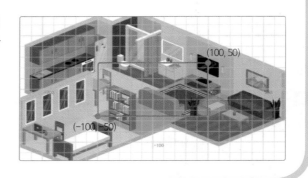

❹ '도둑' 오브젝트가 보이게 하고 말풍선으로 말을 하도록 만들기 위해 의 `모양 보이기`를 반복 블록 안에 이어서 연결하고 의 `안녕! 을(를) 4 초 동안 말하기`를 추가로 연결한 후 "앗! 경찰이다"를 '1'초 동안 말하도록 변경합니다.

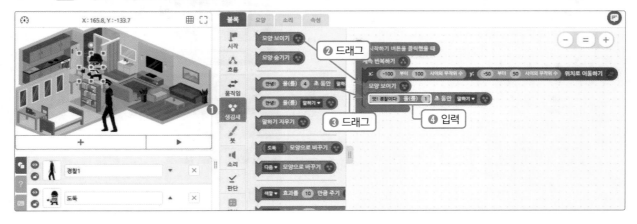

❺ 말이 끝나면 '도둑' 오브젝트를 숨기기 위해 🖌의 모양 숨기기 🌑 를 드래그하여 아래에 연결합니다.

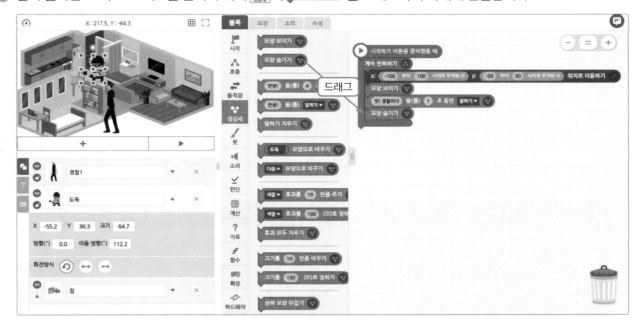

❻ '도둑' 오브젝트가 1초 동안 숨도록 만들기 위해 🖌의 2 초 기다리기 🌑 를 드래그하여 연결한 후 초를 '1'로 변경합니다.

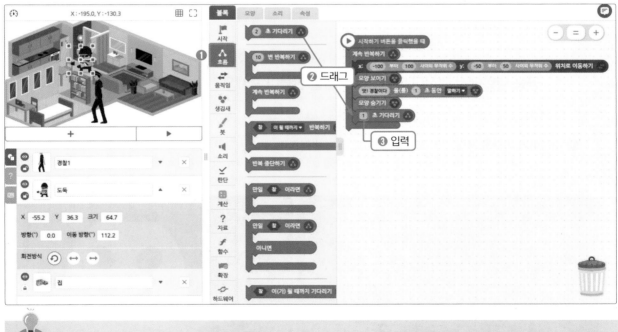

지정한 범위 안의 무작위 위치에 '도둑' 오브젝트나 나타났다가 1초 동안 말을 하고 모양을 숨긴 후 1초 기다리기를 계속 반복하는 블록이 완성되었습니다.

❼ [시작하기] 버튼을 클릭해 경찰이 도둑을 찾는 모습과 도둑이 숨는 모습이 잘 실행되는지 확인해 보세요.

01 두더지가 임의의 위치에 나타나 약을 올리는 말을 하고 사라졌다가 나타나는 모습을 계속 반복하는 코드를 완성해 보세요.

실습파일 : 두더지.ent　　　완성파일 : 두더지(완성).ent

❶ 시작하기 버튼을 클릭하면 ➔ ❷ ❸~❾를 계속 반복하기 ➔ ❸ x는 −200부터 200, y는 −100부터 100 사이의 임의의 ➔ ❹ 위치로 이동하여 ➔ ❺ 두더지 모양 보이기 ➔ ❻ "메롱~! 나 잡아봐라"를 1초간 말하고 ➔ ❼ 1초 기다리기 ➔ ❽ 두더지를 숨기고 ➔ ❾ 1초 기다리기

두더지가 임의의 위치에 나타나 말하기

메롱~! 나 잡아봐라

두더지가 1초 동안 사라지기

02 공포 영화에서 귀신이 다가오는 모습을 만들어 보세요.

실습파일 : 귀신.ent　　　완성파일 : 귀신(완성).ent

❶ 시작하기 버튼을 클릭하면 ➔ ❷ ❸~❼을 5번 반복하기 ➔ ❸ 모양을 숨기고 ➔ ❹ 0.5초 기다리기 ➔ ❺ 크기를 70만큼 바꾸기 ➔ ❻ 모양을 보이고 ➔ ❼ 0.5초 기다리기

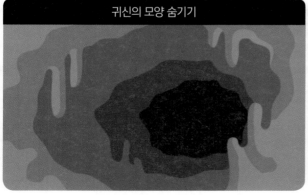

귀신의 모양 숨기기

크기를 크게 하여 나타났다 숨었다를 반복하기

강아지를 구출하라! 구조대원 되기

06

구조대원이 된 민재는 산불이 난 곳에서 길을 잃은 강아지를 구출하는 임무를 맡게 되었어요. 산불이 위험하니 강아지가 짖는 소리를 잘 듣고 찾아야 해요.

- ▸ 키보드를 이용해 오브젝트를 이동할 수 있습니다.
- ▸ 강아지 소리를 낼 수 있습니다.
- ▸ 오브젝트의 회전 방식을 변경할 수 있습니다.

실습파일 : 구조대원.ent　　　완성파일 : 구조대원(완성).ent

MISSION

산에서 길을 잃은 강아지는 임의의 위치에 나타났다가 사라지고 나타날 때마다 구해달라고 짖고 있어요. 구조대원은 소리가 나는 쪽을 쳐다보고 키보드의 방향키를 이용해 소리가 나는 쪽으로 다가가 강아지를 구출해요.

강아지가 나타나면서 짖는 소리를 내면
구조대원이 강아지 쪽을 바라봄

키보드를 이용해 강아지가 있는 곳으로 이동

✅ 사용할 주요 블록

q▾ 키를 눌렀을 때	선택한 키를 키보드에서 누르면 아래 연결된 블록들이 실행됩니다.
x 좌표를 10 만큼 바꾸기	오브젝트의 x 좌표를 입력한 값만큼 이동합니다.
구조대원 ▾ 쪽 바라보기	선택한 오브젝트 또는 마우스 포인터 쪽을 바라보도록 오브젝트 방향을 회전합니다.
소리 강아지 짖는소리 ▾ 1 초 재생하기	선택한 소리를 입력한 시간만큼 재생하는 동시에 다음 블록을 실행합니다.

❶ [파일()]–[오프라인 작품 불러오기]를 선택한 후 [열기] 대화상자에서 [실습파일]–[6차시]에 있는 '구조대원.ent'를 선택하고 [열기] 버튼을 클릭합니다.

❷ 강아지가 짖는 소리를 장면에 추가하기 위해 '강아지' 오브젝트를 선택하고 [소리] 탭의 [소리 추가하기] 버튼을 클릭합니다. [소리 추가하기] 대화상자가 나타나면 [자연]을 선택하고 '강아지 짖는 소리'를 선택한 후 [추가하기] 버튼을 클릭합니다.

❸ [블록] 탭을 클릭한 후 🚩의 ▶ 시작하기 버튼을 클릭했을 때 를 [블록 조립소]로 드래그하고 ⌂ 의 ⌐ 계속 반복하기 를 아래에 연결합니다.

④ 의 `x: 0 y: 0 위치로 이동하기`를 반복 블록 안에 연결하고 의 `0 부터 10 사이의 무작위 수`를 x와 y 값에 끼워 넣은 후 x는 '-200'부터 '200' 사이, y는 '-100'부터 '-50' 사이의 무작위 수로 지정합니다.

⑤ 의 `모양 보이기`를 아래에 연결해 강아지가 임의의 위치에 나타나도록 만듭니다.

⑥ 강아지가 나타나면 소리를 내도록 만들기 위해 의 `소리 강아지 짖는소리 1 초 재생하기`를 연결한 후 소리를 '강아지 짖는 소리'로, 초를 '1'로 변경합니다.

`소리 강아지 짖는소리 1 초 재생하기`는 1초 간 지정한 소리를 재생하는 동시에 다음 블록을 실행합니다.

❼ 강아지가 기다렸다가 다시 사라지도록 만들기 위해 [흐름]의 2초 기다리기 를 연결하고 [생김새]의 모양 숨기기 를 아래쪽에 연결한 후 다시 [흐름]의 2초 기다리기 를 연결합니다.

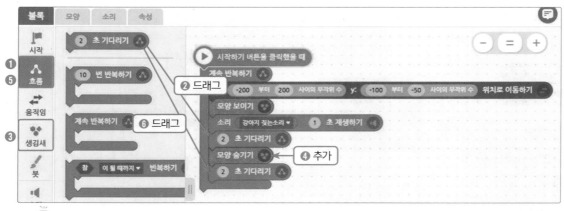

소리를 내고 2초간 기다렸다가 오브젝트를 숨기고 2초간 기다렸다가 다시 임의의 위치에 나타나게 됩니다.

 ## 2 키보드를 이용해 구조대원 이동시키기

❶ '구조대원' 오브젝트를 선택한 후 [시작]의 시작하기 버튼을 클릭했을 때 를 [블록 조립소]로 드래그하고 [흐름]의 계속 반복하기 를 아래에 연결합니다.

❷ '강아지' 오브젝트가 나타나는 방향을 바라보도록 만들기 위해 회전 방식을 좌우 방향 회전(↔)으로 지정한 후 [움직임]의 구조대원 쪽 바라보기 를 반복 블록 안에 연결하고 '강아지'를 선택합니다.

회전 방식의 차이

오브젝트의 회전 방식이 모든 방향 회전(⟲)일 때는 강아지의 y 좌푯값에 따라 원 모양으로 회전합니다. 좌우 방향 회전(↔)으로 지정하면 강아지의 x 좌푯값에 따라 바라보는 방향만 바뀌게 됩니다.

▲ 회전 방식이 ⟲ 일 때

▲ 회전 방식이 ↔ 일 때

③ 왼쪽 방향키를 누르면 왼쪽으로 이동하도록 만들기 위해 시작의 (q ▼ 키를 눌렀을 때)를 드래그하여 추가하고 '왼쪽 화살표'로 변경합니다.

④ 움직임의 (x 좌표를 10 만큼 바꾸기)를 아래에 연결하고 값을 '-10'으로 변경합니다.

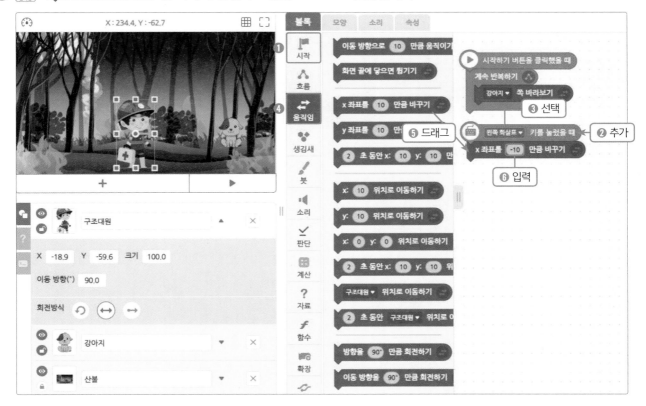

❺ 오른쪽 방향키를 누르면 오른쪽으로 이동하도록 만들기 위해 [시작]의 [q▾ 키를 눌렀을 때]를 드래그하여 추가하고 '오른쪽 화살표'로 변경합니다.

❻ [움직임]의 [x좌표를 10 만큼 바꾸기]를 아래에 연결하고 값을 '10'으로 변경합니다.

왼쪽과 오른쪽 화살표 키를 누를 때마다 해당 방향으로 10만큼 이동합니다.

01 키보드를 이용해 드론을 상하좌우로 조종하고 회전하도록 코드를 완성해 보세요.

실습파일 : 드론.ent   완성파일 : 드론(완성).ent

① 키보드의 위쪽 화살표 키를 누르면 '드론' 오브젝트의 ➡ ② y 좌표를 10만큼 바꾸기 ➡ ③ 키보드의 아래쪽 화살표 키를 누르면 '드론' 오브젝트의 ④ y 좌표를 −10만큼 바꾸기 ➡ ⑤ 키보드의 왼쪽 화살표 키를 누르면 '드론' 오브젝트의 ➡ ⑥ x 좌표를 −10만큼 바꾸기 ➡ ⑦ 키보드의 오른쪽 화살표 키를 누르면 '드론' 오브젝트의 ➡ ⑧ x 좌표를 10만큼 바꾸기 ➡ ⑨ 키보드의 스페이스 키를 누르면 ➡ ⑩ ⑪~⑫를 8번 반복하기 ➡ ⑪ 방향을 45도 만큼 회전하고 ➡ ⑫ 0.1초 기다리기

02 우주 괴물이 임의의 위치에 나타나면 우주선이 괴물의 방향을 바라볼 수 있도록 코드를 완성해 보세요.

실습파일 : 우주전쟁.ent   완성파일 : 우주전쟁(완성).ent

'괴물' 오브젝트

① 시작하기 버튼을 클릭하면 ➡ ② ③~⑤를 계속 반복하기 ➡ ③ x는 −200부터 200 사이의 임의의 ➡ ④ 위치로 이동하여 ➡ ⑤ 1초 기다리기

'우주선' 오브젝트

① 시작하기 버튼을 클릭하면 ➡ ② ③을 계속 반복하기 ➡ ③ 괴물쪽 바라보기

💡**HINT**

'우주선' 오브젝트의 회전 방식이 모든 방향 회전(↻)이어야 '괴물' 오브젝트의 x 좌푯값에 따라 원 모양으로 회전합니다.

운동선수가 되기 위해 훈련하기

07

운동을 잘하는 승현이는 운동선수가 되는 것이 꿈이에요. 운동선수가 되려면 꾸준하게 체력을 키워야겠죠? 승현이가 엔트리봇과 달리기 연습을 하면서 이길 수 있도록 만들어 주세요.

학습 목표

‣ 키보드를 이용해 달리기를 할 수 있습니다.
‣ 이동 방향에 따라 오브젝트를 움직일 수 있습니다.
‣ 벽에 닿으면 반대 방향을 보도록 할 수 있습니다.

실습파일 : 운동선수.ent   **완성파일** : 운동선수(완성).ent

MISSION

엔트리봇은 이동 방향으로 무작위 수만큼 이동하고 벽에 닿으면 튕기도록 만들고, '달리기' 오브젝트는 화살표 키를 누르면 이동 방향으로 5만큼 이동하도록 설정한 후 화살표 키를 빠르게 눌러 엔트리봇을 이기도록 만들어 보세요.

| [시작하기]를 클릭하면 화살표 키를 이용해 달리기 | 벽에 닿으면 튕겨서 이동 방향을 바꾸기 |

✓ 사용할 주요 블록

달리기2 모양으로 바꾸기	오브젝트를 선택한 모양으로 바꿉니다. 선택할 모양은 [모양] 탭에 추가된 이름이 목록으로 나타납니다.
이동 방향으로 5 만큼 움직이기	입력한 값만큼 오브젝트의 이동 방향으로 움직입니다.
화면 끝에 닿으면 튕기기	오브젝트가 화면 끝에 닿으면 튕겨 나오면서 이동 방향이 반대로 바뀝니다.

① 엔트리봇 달리기 장면 만들기

① [파일(▤▾)]-[오프라인 작품 불러오기]를 선택한 후 [열기] 대화상자에서 [실습파일]-[7차시]에 있는 '운동선수.ent'를 선택하고 [열기] 버튼을 클릭합니다.

② '엔트리봇' 오브젝트를 선택하고 계속 뛰는 모양을 만들기 위해 [▶ 시작]의 ▶ 시작하기 버튼을 클릭했을 때 를 [블록 조립소]로 드래그하여 추가한 후 [∧ 흐름]의 [계속 반복하기 ∧] 를 드래그하여 연결합니다.

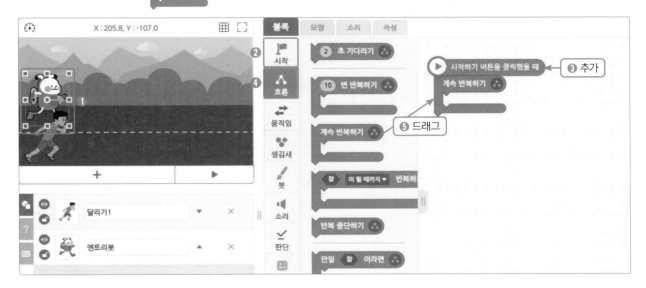

③ 오브젝트를 이동 방향으로 움직이고 실행화면 끝에 닿으면 튕기도록 하기 위해 [⇄ 움직임]의 이동 방향으로 10 만큼 움직이기 와 화면 끝에 닿으면 튕기기 를 반복 블록 안에 연결합니다.

 오브젝트가 실행화면 끝에 닿으면 튕겨 나오면서 오브젝트의 방향이 반대로 바뀌게 되므로 이동 방향으로 입력한 값만큼 계속 이동됩니다.

④ 오브젝트를 무작위 수만큼 이동하도록 만들기 위해 [계산]의 (0 부터 10 사이의 무작위 수)를 이동 값에 끼워 넣은 후 '3'부터 '8' 사이의 무작위 수가 되도록 변경합니다.

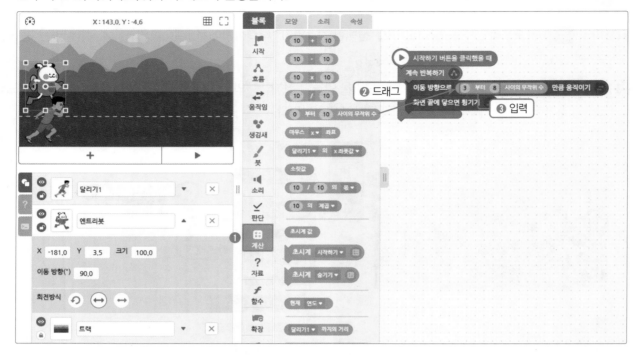

⑤ 실제로 뛰는 모양처럼 보이도록 모양을 변경하기 위해 [생김새]의 [다음▼ 모양으로 바꾸기]를 연결한 후 [흐름]의 [2 초 기다리기]를 아래에 연결하고 초를 '0.1'로 변경합니다.

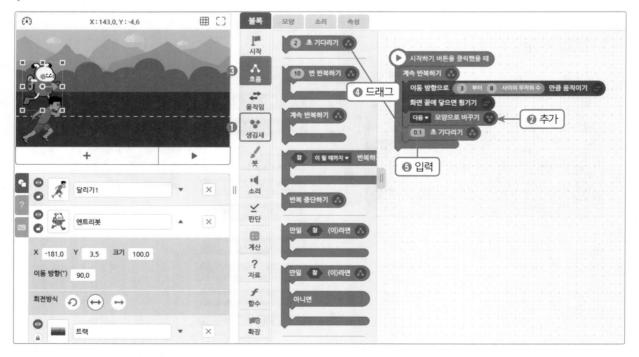

② 키보드로 오브젝트가 달리게 만들기

❶ 오른쪽 화살표 키를 누르면 모양이 바뀌도록 만들기 위해 '달리기1' 오브젝트를 선택하고 [시작]의 [⊙ q▾ 키를 눌렀을 때]를 드래그하여 추가한 후 '오른쪽 화살표'로 변경합니다. 이어서 [생김새]의 [달리기1 모양으로 바꾸기]를 연결하고 모양을 '달리기1'로 선택합니다.

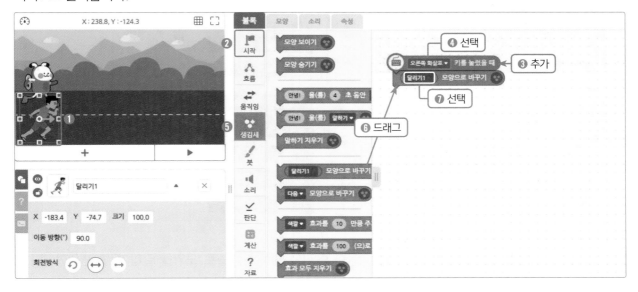

❷ 오른쪽 화살표 키를 한 번 누를 때마다 이동 방향으로 움직이고 실행화면 끝에 닿으면 튕기도록 하기 위해 [움직임]에서 [이동 방향으로 10 만큼 움직이기]를 연결하고 값을 '5'로 변경한 후 [화면 끝에 닿으면 튕기기]를 아래에 연결합니다.

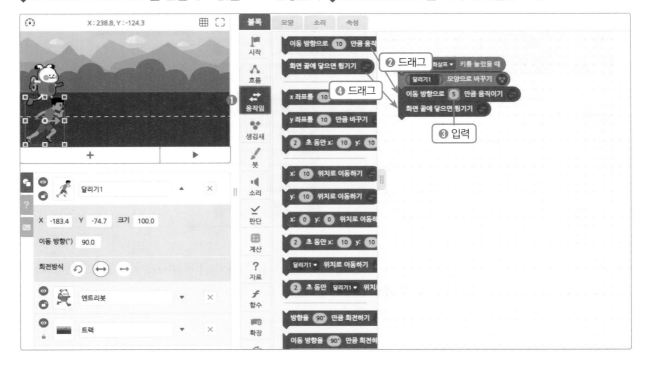

❸ 코드를 복사하기 위해 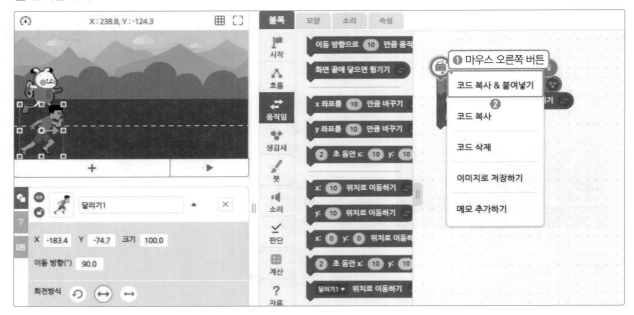 블록 위에서 마우스 오른쪽 버튼을 클릭한 후 [코드 복사 & 붙여넣기]를 선택합니다.

❹ 코드가 복사되면 블록을 드래그하여 위치를 이동한 후 키를 '왼쪽 화살표'로, 모양을 '달리기2'로 변경합니다.

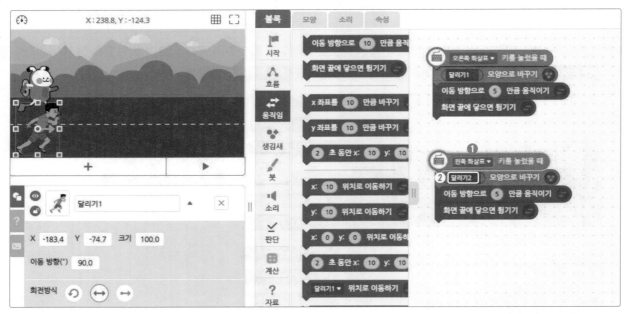

❺ 코드가 완성되면 ▶ 를 클릭하고 오른쪽과 왼쪽 화살표 키를 번갈아 빠르게 눌러보세요. 엔트리봇보다 빨리 달리면서 화면 끝에 닿으면 반대 방향으로 다시 달리는지 확인해 보세요.

01 농장을 지키는 개가 화면 끝에 닿으면 방향을 바꾸면서 계속 왔다 갔다 하도록 코드를 완성해 보세요.

실습파일 : 농장지키기.ent   완성파일 : 농장지키기(완성).ent

❶ 시작하기 버튼을 클릭하면 ➜ ❷ ❸~❻을 계속 반복하기 ➜ ❸ 다음 모양으로 바꾸고 ➜ ❹ 이동 방향으로 10만큼 움직이기 ➜ ❺ 화면 끝에 닿으면 튕기고 ➜ ❻ 0.1초 기다리기

02 스킨스쿠버가 바닷속에서 상어를 피해 도망갈 수 있도록 키보드로 스킨스쿠버를 움직이고 상어는 임의의 위치로 계속 이동하도록 코드를 완성해 보세요.

실습파일 : 스킨스쿠버.ent   완성파일 : 스킨스쿠버(완성).ent

'상어' 오브젝트

❶ 시작하기 버튼을 클릭하면 ➜ ❷ ❸~❼을 계속 반복하기 ➜ ❸ 0부터 5 사이의 무작위 수만큼 ➜ ❹ 이동 방향으로 움직이고 ➜ ❺ 0부터 5 사이의 무작위 수만큼 ➜ ❻ 이동 방향을 회전하고 ➜ ❼ 화면 끝에 닿으면 튕기기

'스킨스쿠버' 오브젝트

❶ 오른쪽 화살표 키를 눌렀을 때 ➜ ❷ '스킨스쿠버-오른쪽' 모양으로 바꾸고 ➜ ❸ x 좌표를 10만큼 바꾸기 ➜ ❹ 왼쪽 화살표 키를 눌렀을 때 ➜ ❺ '스킨스쿠버-왼쪽' 모양으로 바꾸고 ➜ ❻ x 좌표를 -10만큼 바꾸기 ➜ ❼ 위쪽 화살표 키를 눌렀을 때 ➜ ❽ y 좌표를 10만큼 바꾸기 ➜ ❾ 아래쪽 화살표 키를 눌렀을 때 ➜ ❿ y 좌표를 -10만큼 바꾸기

08 불이 난 곳을 찾아라! 소방관 되기

나윤이는 어른이 되면 불을 끄고 사람을 구하는 소방관이 되는 것이 꿈이에요. 나윤이가 소방차를 타고 불이 난 곳에 도착해 위험을 무릅쓰고 사람을 구하는 멋진 소방관이 되어 미로에서 불난 곳을 찾아가도록 여러분이 도와주세요.

▸ 키보드로 오브젝트를 원하는 방향으로 이동시킬 수 있습니다.
▸ 오브젝트에 닿으면 처음 장면이 되도록 만들 수 있습니다.
▸ 조건 블록을 사용해 조건에 만족했을 때의 장면을 만들 수 있습니다.

실습파일 : 소방관.ent　　완성파일 : 소방관(완성).ent

MISSION

화살표 키로 소방차를 운전해 미로 벽에 닿지 않고 불이 난 곳까지 가야 합니다. 벽에 닿으면 처음 위치한 곳에서 다시 시작하도록 만들고 불이 난 곳에 무사히 도착하면 불난 곳을 찾았다고 말하도록 만들어 보세요.

| 화살표 키를 이용해 소방차 이동시키기 | 불 오브젝트에 닿으면 2초 동안 말하기 |

불난 곳을 찾았다!

✅ 사용할 주요 블록

만일 〔참〕 (이)라면	만일 판단이 '참'이라면 감싸고 있는 블록들을 실행합니다.
마우스포인터 ▾ 에 닿았는가?	해당 오브젝트가 선택한 항목과 닿은 경우 '참'으로 판단합니다.
방향을 90° (으)로 정하기	오브젝트의 방향을 입력한 각도로 정합니다.
x: 0 y: 0 위치로 이동하기	입력한 좌표 위치로 오브젝트를 이동시킵니다.

① 화살표 키로 소방차 움직이기

❶ [파일(▤)]–[오프라인 작품 불러오기]를 선택한 후 [열기] 대화상자에서 [실습파일]–[8차시]에 있는 '소방 관.ent'를 선택하고 [열기] 버튼을 클릭합니다.

❷ 화살표 키를 눌렀을 때 해당 방향을 바라보고 이동하도록 만들기 위해 '소방차' 오브젝트를 선택하고 [시작]의 [q▼ 키를 눌렀을 때]를 [블록 조립소]에 추가한 후 키를 '오른쪽 화살표'로 변경합니다.

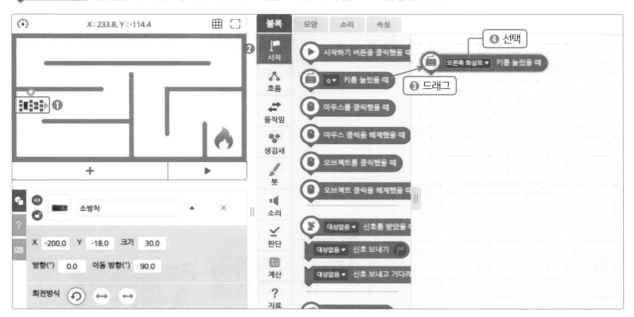

❸ [움직임]의 [방향을 90° (으)로 정하기]를 연결하고 각도를 '0'으로 변경한 후 [x 좌표를 10 만큼 바꾸기]를 연결하고 값을 '10'으로 변 경합니다.

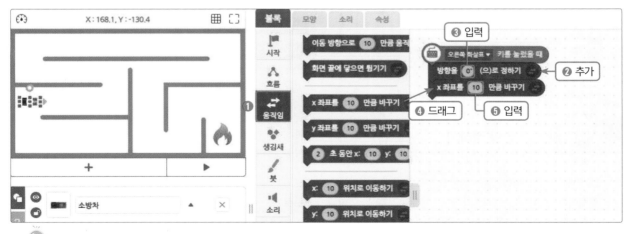

오른쪽 화살표 키를 눌렀을 때 '소방차' 오브젝트가 이동 방향 화살표와 같은 방향으로 움직여야 하므로 방향을 '0'도로 정합 니다.

❹ 가장 첫 번째 블록을 마우스 오른쪽 버튼으로 클릭한 후 [코드 복사 & 붙여넣기]를 선택합니다.

❺ 복사된 블록을 드래그하여 이동하고, 키를 '왼쪽 화살표'로, 방향을 '180'으로, x 좌푯값을 '-10'으로 각각 변경합니다.

❻ 가장 첫 번째 블록을 마우스 오른쪽 버튼으로 클릭하여 [코드 복사 & 붙여넣기]를 선택한 후 복사된 코드에서 x 좌표를 바꾸는 블록을 휴지통으로 드래그하여 삭제합니다.

❼ ⤢의 y 좌표를 10 만큼 바꾸기 를 연결한 후 키를 '위쪽 화살표'로, 방향을 '270'으로, y 좌푯값을 '10'으로 각각 변경합니다.

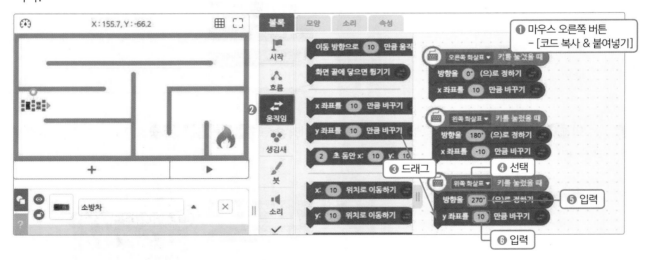

방향 정하기

오브젝트의 이동 방향을 표시하는 화살표의 방향에 따라 방향의 각도가 변경됩니다. '소방차' 오브젝트의 이동 방향은 오른쪽을 향하고 있으므로 오른쪽 방향이 '0도', 왼쪽 방향이 '180도', 위쪽 방향이 '270도', 아래쪽 방향이 '90도'가 됩니다.

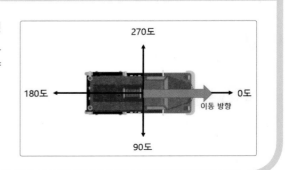

⑧ 세 번째 블록을 마우스 오른쪽 버튼으로 클릭한 후 [코드 복사 & 붙여넣기]를 선택합니다.

⑨ 복사된 코드에서 키를 '아래쪽 화살표'로, 방향을 '90'으로, y 좌푯값을 '-10'으로 각각 변경합니다.

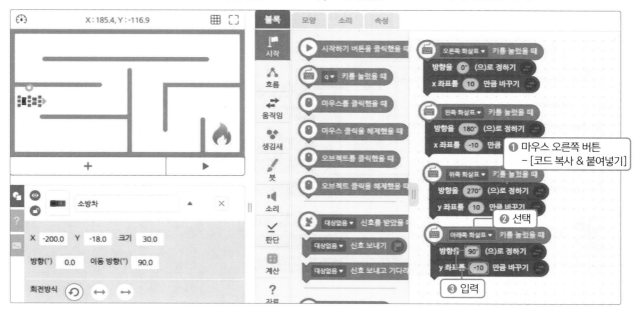

2 미로에 닿으면 처음 위치로 이동하기

① 미로에 닿으면 다시 처음 위치로 오브젝트를 이동시키기 위해 [시작]의 `시작하기 버튼을 클릭했을 때`를 추가한 후 [흐름]의 `계속 반복하기`를 연결합니다.

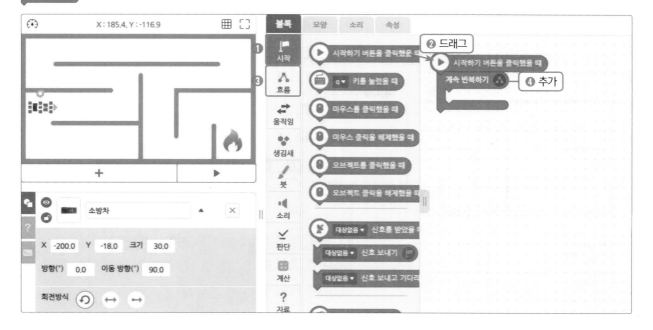

❷ 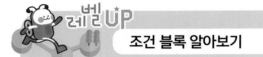 의 [만일 참 (이)라면] 을 계속 반복 블록 안에 연결한 후 [판단]의 〈 마우스포인터 ▼ 에 닿았는가? 〉를 조건 입력란에 끼워 넣고 '미로(1)'을 선택합니다.

❸ [움직임]의 [x: 0 y: 0 위치로 이동하기] 를 조건 블록 안에 연결하고 '소방차' 오브젝트가 처음 위치했던 x '-200', y '-18'을 입력합니다.

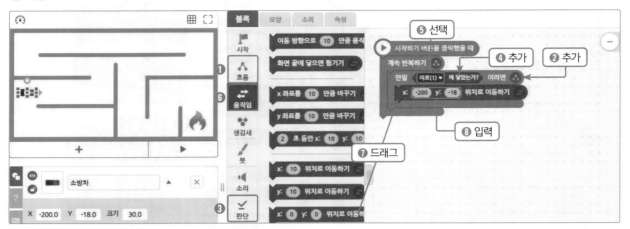

레벨UP

조건 블록 알아보기

[만일 참 (이)라면] 은 조건 입력란의 계산이나 판단 값이 참이면(맞다면) 조건 블록 안에 있는 블록을 실행합니다. 즉 '소방차' 오브젝트가 '미로' 오브젝트에 닿았는가라는 조건에 맞으면 '소방차' 오브젝트를 원래 처음 좌표 위치로 이동시키게 됩니다.

❹ [흐름]의 [만일 참 (이)라면] 을 연결한 후 [판단]의 〈 마우스포인터 ▼ 에 닿았는가? 〉를 조건 입력란에 끼워 넣고 '불'을 선택합니다.

❺ [생김새]의 [안녕! 을(를) 4 초 동안 말하기 ▼] 를 조건 블록 안에 연결한 후 "불난 곳을 찾았다!"를 입력하고 초를 '2'로 변경합니다.

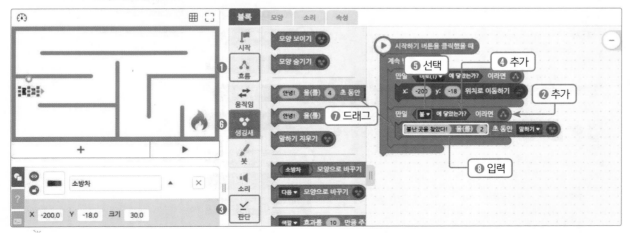

'불' 오브젝트에 '소방차' 오브젝트가 닿으면 조건이 만족하므로 '소방차' 오브젝트가 2초 동안 입력한 말을 하게 됩니다.

01 '스마일' 오브젝트가 이동 방향으로 이동하고 벽에 닿으면 이동 방향을 무작위 수로 정한 후 다음 모양으로 바꾸는 코드를 완성해 보세요.

실습파일 : 스마일.ent   완성파일 : 스마일(완성).ent

❶ 시작하기 버튼을 클릭하면 ➡ ❷ ❸~❾를 계속 반복하기 ➡ ❸ 만일 '스마일' 오브젝트가 ➡ ❹ 벽에 닿으면 ➡ ❺ -90부터 0 사이의 무작위 수만큼 ➡ ❻ 이동 방향을 회전하고 ➡ ❼ 다음 모양으로 바꾸기 ➡ ❽ 화면 끝에 닿으면 튕기고 ➡ ❾ 이동 방향으로 10만큼 움직이기

이동 방향으로 10만큼 움직이기

벽에 닿으면 이동 방향을 회전시키고 다음 모양으로 바꾸기

 HINT

이동 방향을 90° 만큼 회전하기 블록을 사용해 -90부터 0 사이의 무작위 수 방향으로 이동 방향을 변경합니다.

02 우주에서 길을 잃은 우주인을 방향키를 이용해 우주선으로 이동할 수 있도록 만들고 우주선과 닿으면 말을 하고 사라지도록 코드를 완성해 보세요.

실습파일 : 우주인 구출하기.ent   완성파일 : 우주인 구출하기(완성).ent

❶ 오른쪽 화살표 키를 눌렀을 때 ➡ ❷ x 좌표를 10만큼 바꾸기 ➡ ❸ 왼쪽 화살표 키를 눌렀을 때 ➡ ❹ x 좌표를 -10만큼 바꾸기 ➡ ❺ 위쪽 화살표 키를 눌렀을 때 ➡ ❻ y 좌표를 10만큼 바꾸기 ➡ ❼ 아래쪽 화살표 키를 눌렀을 때 ➡ ❽ y 좌표를 -10만큼 바꾸기 ➡ ❾ 시작하기 버튼을 클릭하면 ➡ ❿ ⓫~⓮를 계속 반복하기 ➡ ⓫ 만일 ➡ ⓬ 우주선에 닿으면 ➡ ⓭ "살았다~!"를 2초간 말하고 ➡ ⓮ 모양 숨기기

살았다~~!

나는야 드라마 작가!

09

기태와 희영이는 작가가 되고 싶어요. 미지의 세계에 관한 글을 쓰기 위해 둘은 함께 사람들이 다니지 않는 곳으로 여행을 떠나기로 했어요. 다양한 곳에서 어떤 일이 일어날지 스토리를 만들어 보세요.

▸ 장면을 추가해 여러 개의 장면을 만들 수 있습니다.
▸ 오브젝트를 클릭해 다른 장면으로 이동할 수 있습니다.
▸ 장면을 통해 스토리를 구성할 수 있습니다.

실습파일 : 모험 여행.ent, 이미지 파일(남자, 여자, 배경1, 배경2)   완성파일 : 모험 여행(완성).ent

MISSION

장면을 추가하고 오브젝트를 누르면 장면을 이동할 수 있도록 구성합니다. 각 장면에 대한 설명을 말로 보여주고 여러 장면이 연결되도록 만듭니다.

장면 1

장면 2

장면 3

✓ 사용할 주요 블록

오브젝트를 클릭했을 때	해당 오브젝트를 클릭했을 때 아래에 연결된 블록들을 실행합니다.
다음 ▾ 장면 시작하기	이전 또는 다음 장면을 시작합니다.
장면 1 ▾ 시작하기	선택한 장면을 시작합니다.

1 장면 1 스토리 만들기

① [파일(☰▾)]-[오프라인 작품 불러오기]를 선택한 후 [열기] 대화상자에서 [실습파일]-[9차시]에 있는 '모험 여행.ent'를 선택하고 [열기] 버튼을 클릭합니다.

② '남자' 오브젝트를 선택하고 🏁시작 의 ▶시작하기 버튼을 클릭했을 때 를 [블록 조립소]로 드래그합니다.

③ 🌟생김새 의 안녕! 을(를) 4 초 동안 말하기▾ 를 연결하고 "안녕! 친구들~ 우리와 여행을 함께 떠나자"를 '3'초 동안 말하도록 변경한 후 ∧흐름 의 2 초 기다리기 ∧ 를 연결합니다.

④ 버튼을 클릭하면 다음 장면으로 이동하도록 만들기 위해 '둥근버튼(앞/뒤)' 오브젝트를 선택하고 🏁시작 의 ⑩ 오브젝트를 클릭했을 때 를 드래그한 후 다음▾ 장면 시작하기 🏁 를 아래에 연결합니다.

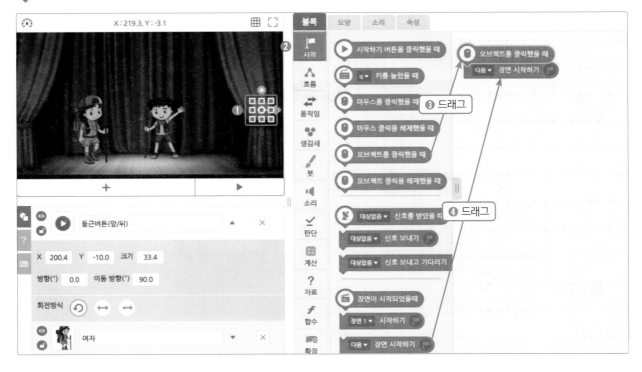

장면 2 스토리 만들기

① 장면 추가(+) 버튼을 클릭하여 장면을 추가한 후 오브젝트 추가하기(+)를 클릭하고 [오브젝트 추가하기] 대화상자에서 [파일 올리기]–[파일 올리기]를 클릭합니다.

② [열기] 대화상자가 나타나면 [실습파일]–[9차시] 폴더에서 '배경1', '남자', '여자'를 선택하고 [열기] 버튼을 클릭한 후 [추가하기] 버튼을 클릭합니다.

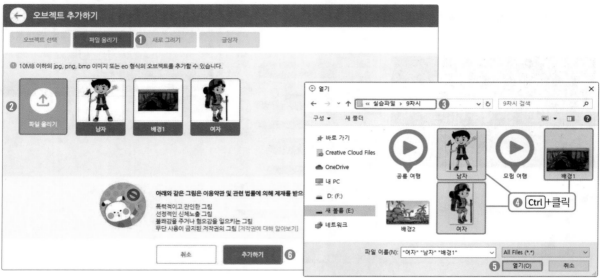

 떨어져 있는 항목들을 선택할 때는 첫 번째 항목을 클릭한 후 Ctrl 을 누른 채 추가 항목을 클릭하면 됩니다.

③ 다시 오브젝트 추가하기(+)를 클릭하고 [오브젝트 추가하기] 대화상자에서 [오브젝트 선택]–[인터페이스]를 선택한 후 '둥근버튼(앞/뒤)'를 선택한 다음 [추가하기] 버튼을 클릭합니다.

④ 오브젝트의 순서를 '둥근버튼(앞/뒤)1' - '여자1' - '남자1' - '배경1'순으로 변경하고 '배경1' 오브젝트를 선택한 후 크기 조절점을 드래그하여 장면의 크기와 같게 크기를 조절합니다. 나머지 오브젝트들도 그림과 같이 위치와 크기를 적절히 조절합니다.

⑤ '여자1' 오브젝트를 선택하고 [시작]의 ⌈장면이 시작되었을때⌉를 [블록 조립소]로 드래그합니다.

⑥ [생김새]의 ⌈안녕! 을(를) 4 초 동안 말하기▼⌉를 연결하고 "와! 동굴이다. 들어가보자"를 '3'초 동안 말하도록 지정한 후 [흐름]의 ⌈2 초 기다리기⌉를 연결합니다.

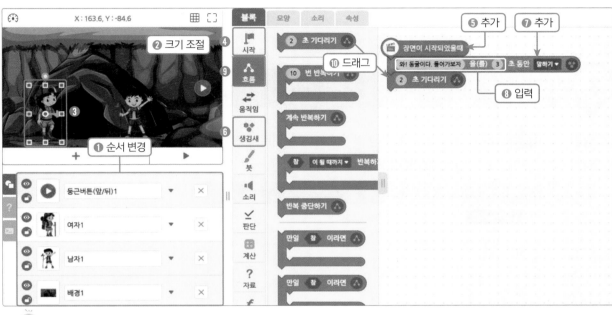

> 장면이 다르더라도 같은 이름의 오브젝트가 추가되면 오브젝트 이름 뒤에 숫자가 자동으로 추가됩니다.

⑦ 버튼을 클릭하면 다음 장면으로 이동하도록 만들기 위해 '둥근버튼(앞/뒤)1' 오브젝트를 선택하고 [시작]의 ⌈오브젝트를 클릭했을 때⌉를 드래그하여 추가한 후 ⌈다음▼ 장면 시작하기⌉를 아래에 연결합니다.

3 장면 3 스토리 만들기

❶ 장면 추가(+) 버튼을 클릭하여 장면을 추가한 후 오브젝트 추가하기(+)를 클릭하고 [오브젝트 추가하기] 대화상자에서 [파일 올리기]-[파일 올리기]를 클릭합니다.

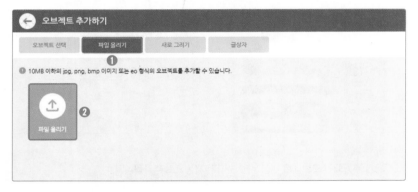

❷ [열기] 대화상자가 나타나면 [실습파일]-[9차시] 폴더에서 '배경2', '남자', '여자'를 선택하고 [열기] 버튼을 클릭한 후 [추가하기] 버튼을 클릭합니다.

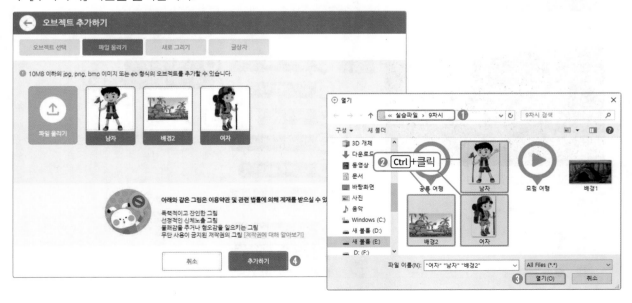

❸ 다시 오브젝트 추가하기(+)를 클릭하고 [오브젝트 추가하기] 대화상자에서 [오브젝트 선택]–[인터페이스]를 선택한 후 '둥근버튼(녹음)'을 선택한 다음 [추가하기] 버튼을 클릭합니다.

❹ 오브젝트의 순서를 '둥근버튼(녹음)' – '여자2' – '남자2' – '배경2'순으로 변경하고 '배경2' 오브젝트를 선택한 후 크기 조절점을 드래그하여 장면의 크기와 같게 크기를 조절합니다. 나머지 오브젝트들도 그림과 같이 위치와 크기를 조절합니다.

❺ '여자2' 오브젝트를 선택하고 [시작]의 [장면이 시작되었을때]를 [블록 조립소]로 드래그합니다.

❻ [생김새]의 [안녕! 을(를) 4 초 동안 말하기]를 연결하고 "여기는 신기한 공룡나라잖아"를 '3'초 동안 말하도록 지정합니다.

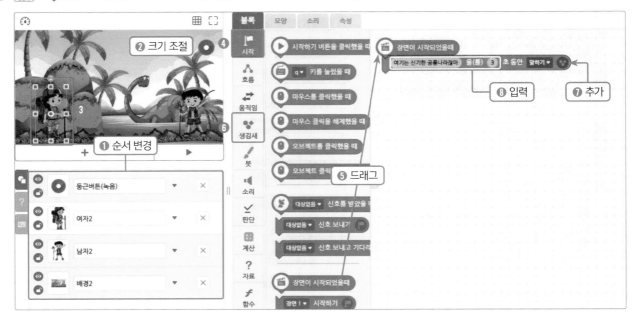

❼ '남자2' 오브젝트를 선택하고 [시작]의 (장면이 시작되었을때)를 [블록 조립소]로 드래그합니다.

❽ [흐름]의 (2 초 기다리기)를 연결하고 초를 '4'로 변경한 후 [생김새]의 (안녕! 을(를) 4 초 동안 말하기)를 연결하고 "신기한 공룡나라를 우리가 찾았어요~"를 '3'초 동안 말하도록 지정합니다.

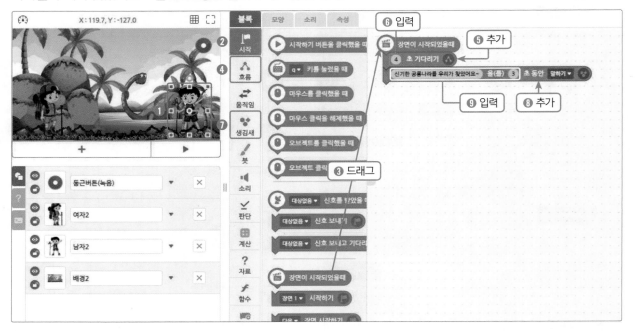

❾ 버튼을 클릭하면 장면 1로 이동하도록 만들기 위해 '둥근버튼(녹음)' 오브젝트를 선택하고 [시작]의 (오브젝트를 클릭했을 때)를 드래그하여 추가한 후 (장면 1 시작하기)를 아래에 연결하고 '장면 1'을 선택합니다.

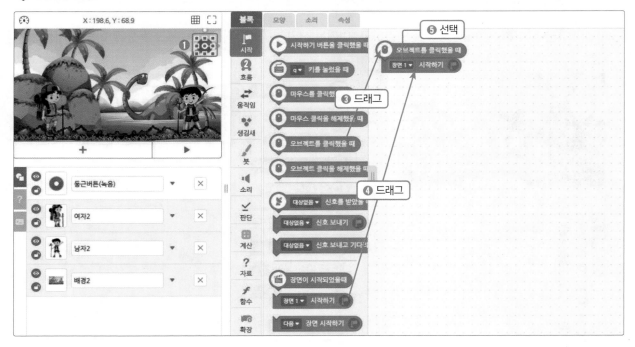

01 각 장면마다 오브젝트의 말이 끝나면 다음 장면으로 넘어가도록 코드를 완성해 보세요.

실습파일 : 공룡 여행.ent   완성파일 : 공룡 여행(완성).ent

장면 1

❶ 시작하기 버튼을 클릭하면
➜ ❷ '공룡3' 오브젝트가 "쥬라기 공원을 벗어나 여행을 떠나요!"를 2초 동안 말하기
➜ ❸ 2초 기다리고
➜ ❹ '다음' 장면 시작하기

장면 2

❶ '공룡7' 오브젝트가 장면이 시작되면
➜ ❷ "와 바다다~ 난 물이 좋아"를 2초 동안 말하기
➜ ❸ '공룡5' 오브젝트가 장면이 시작되면
➜ ❹ 3초 기다리고
➜ ❺ "우린 물속에 못들어가잖아! 이제 다른 곳으로 가자"를 2초 동안 말하기
➜ ❻ 2초 기다리고
➜ ❼ '다음' 장면 시작하기

장면 3

❶ '공룡12' 오브젝트가 장면이 시작되면
➜ ❷ "어두워서 아무 것도 안보여! 밖으로 나가자"를 3초 동안 말하기
➜ ❸ 2초 기다리고
➜ ❹ '다음' 장면 시작하기

장면 4

❶ '공룡13' 오브젝트가 장면이 시작되면
➜ ❷ "역시 숲이 좋아"를 3초 동안 말하기
➜ ❸ '공룡15' 오브젝트가 장면이 시작되면
➜ ❹ 4초 기다리고
➜ ❺ "이제 쥬라기 공원으로 돌아가자"를 3초 동안 말하기
➜ ❻ 2초 기다리고
➜ ❼ '장면 1' 시작하기

유명 의상 디자이너 되기

10

예림이는 미술을 좋아하고 옷도 좋아해서 의상 디자이너가 되고 싶어요. 여러분이 옷에 예쁜 모양을 만들어 넣어서 자신만의 옷을 만들 수 있도록 도와주세요.

학습목표

▸ 중심점의 위치를 이동할 수 있습니다.
▸ 도장찍기를 이용해 패턴을 만들 수 있습니다.
▸ 색깔 효과를 이용해 오브젝트의 색을 변경할 수 있습니다.

실습파일 : 옷디자인하기.ent   완성파일 : 옷디자인하기(완성).ent

MISSION

오브젝트의 중심점을 이동하여 반복해서 도장찍기를 하면 신기한 모양을 만들 수 있으며, 방향을 회전시키고 투명도와 색깔 효과를 지정하면 다양한 모양을 만들 수 있습니다.

'번개모양1' 오브젝트의 중심점 이동	색깔 효과를 지정해 무늬 만들기

✓ 사용할 주요 블록

`10 번 반복하기`	감싸고 있는 블록들을 입력한 수만큼 반복해서 실행합니다.
`도장찍기`	오브젝트의 모양을 도장처럼 장면 위에 찍습니다.
`방향을 60° 만큼 회전하기`	오브젝트의 방향을 입력한 각도만큼 시계 방향으로 회전합니다.
`투명도▼ 효과를 15 만큼 주기`	선택한 효과를 입력한 값만큼 오브젝트에 적용합니다.

① 색깔 효과 지정해 모양 만들기

① [파일()]-[오프라인 작품 불러오기]를 선택한 후 [열기] 대화상자에서 [실습파일]-[10차시]에 있는 '옷디자인
하기.ent'를 선택하고 [열기] 버튼을 클릭합니다.

② 오브젝트를 회전시켜 모양을 만들기 위해 '번개모양' 오브젝트를 선택하고 [시작]의 ▶ 시작하기 버튼을 클릭했을 때 를 [블록 조립
소]로 드래그하여 추가한 후 [흐름]의 를 아래에 연결하고 반복 횟수를 '6'으로 지정합니다.

③ [붓]의 를 반복 블록 안에 연결한 후 [움직임]의 를 연결하고 각도를 '60'으로 변경합니다.

 한 바퀴가 360도이므로 6번 반복하면서 고르게 도장이 찍히도록 만들기 위해 각도를 60도로 지정합니다.

④ 의 색깔 ▼ 효과를 10 만큼 주기 를 아래에 연결하고 효과를 '색깔'로, 값을 '20'으로 변경합니다.

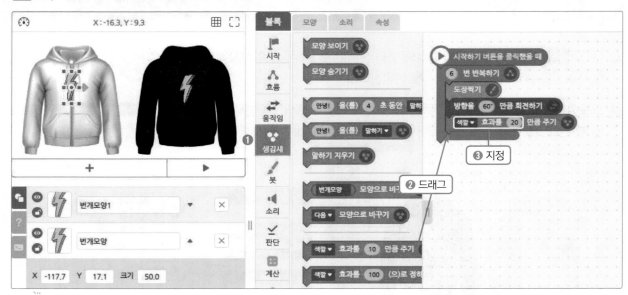

[시작하기] 버튼을 클릭하면 도장을 찍고 60도 회전한 후 색깔 효과를 20만큼 변경하는 작업을 6번 반복합니다.

2 투명도 효과 지정해 모양 만들기

① '번개모양1' 오브젝트를 선택하고 오브젝트의 중심점을 이동시키기 위해 중심점(⦿)을 아래로 드래그합니다.

② 오브젝트가 회전하면서 모양을 만들기 위해 [시작]의 [▶시작하기 버튼을 클릭했을 때]를 드래그하여 추가한 후 [흐름]의
[10 번 반복하기]를 아래에 연결하고 반복 횟수를 '6'으로 지정합니다.

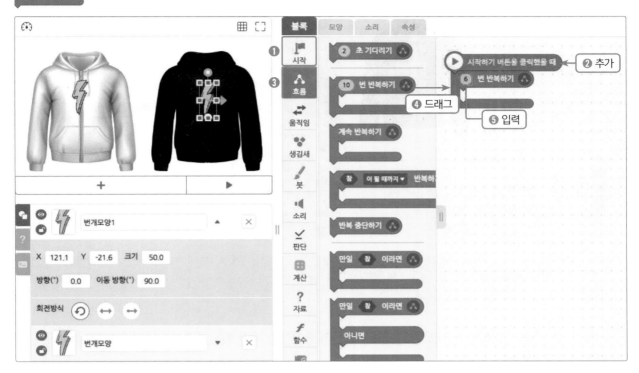

③ [붓]의 [도장찍기]를 반복 블록 안에 연결한 후 [움직임]의 [방향을 90° 만큼 회전하기]를 연결하고 각도를 '60'으로 변경합니다.

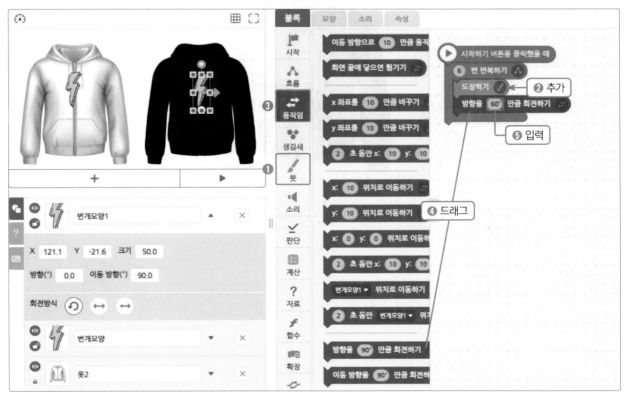

④  의 색깔▼ 효과를 10 만큼 주기 를 아래에 연결하고 효과를 '투명도'로, 값을 '15'로 변경합니다.

💡 투명도의 값이 커질수록 오브젝트는 더 투명해집니다.

⑤ 시작하기(▶)를 클릭하면 번개 모양의 오브젝트들이 중심점을 따라 회전하면서 모양이 다르게 나타나는 것을 확인할 수 있습니다.

01 '꽃잎1'과 '꽃잎2'를 회전시켜 나뭇잎에 예쁜 꽃을 만드는 코드를 완성해 보세요.

실습파일 : 꽃그리기.ent 　　　　완성파일 : 꽃그리기(완성).ent

❶ '꽃잎1' 오브젝트의 중심점을 이동하고 ➜ ❷ 시작하기 버튼을 클릭하면 ➜ ❸ ❹~❺를 6번 반복하기 ➜ ❹ 도장찍기를 하고 ➜ ❺ 방향을 60도 만큼 회전하기 ➜ ❻ '꽃잎2' 오브젝트의 중심점을 이동하고 ➜ ❼ 시작하기 버튼을 클릭하면 ➜ ❽ ❾~❿을 5번 반복하기 ➜ ❾ 도장찍기를 하고 ➜ ❿ 방향을 72도 만큼 회전하기

시작하기 전	시작하기 버튼 클릭 후

💡 **HINT**

오브젝트가 한 바퀴 회전하는 전체 각도는 360도이므로 6번 반복했을 경우 60도, 5번 반복했을 경우 72도 만큼 회전시킵니다.

02 '패턴' 오브젝트를 반복해서 도장찍기를 하여 그림과 같이 패턴이 완성되도록 코드를 완성해 보세요.

실습파일 : 패턴만들기.ent 　　　　완성파일 : 패턴만들기(완성).ent

❶ 시작하기 버튼을 클릭하면 ➜ ❷ ❸~❹를 6번 반복하기 ➜ ❸ 도장찍기를 하고 ➜ ❹ 이동 방향으로 70만큼 움직이기

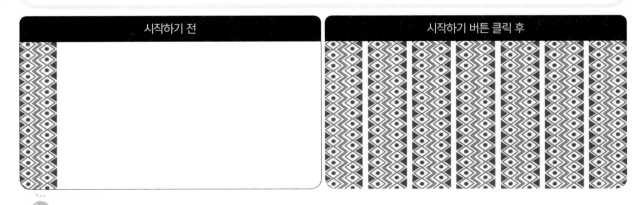

시작하기 전	시작하기 버튼 클릭 후

💡 **HINT**

오브젝트가 반복해서 이동하면서 도장을 찍어야 하므로 도장찍기를 하고 이동 방향으로 70만큼 이동하기를 반복합니다.

아픈 동물 치료하는 수의사 되기

11

희연이는 동물들을 너무 좋아하고 반려동물도 많이 키우고 있어서 나중에 어른이 되면 동물들을 돌볼 수 있는 수의사가 되고 싶어요. 수의사 연습을 하기 위해 아픈 동물들에게 주사를 놓을 수 있도록 여러분이 코드를 만들어 주세요.

▸ 오브젝트가 마우스 포인터를 따라다니도록 만들 수 있습니다.
▸ 오브젝트가 마우스 포인터에 닿으면 동작하도록 만들 수 있습니다.
▸ 오브젝트가 마우스 포인터에 닿으면 소리를 내도록 만들 수 있습니다.

실습파일 : 동물병원.ent　　**완성파일** : 동물병원(완성).ent

MISSION

'주사기' 오브젝트는 마우스 포인터 위치로 이동하여 마우스 포인터를 따라다니고 '강아지' 오브젝트들은 '주사기' 오브젝트와 닿으면 다음 모양으로 바뀌면서 강아지 짖는 소리가 나도록 코드를 완성해 보세요.

주사기가 마우스를 따라다니기

강아지와 주사기 오브젝트가 닿으면
다음 모양으로 변경하고 소리 내기

✅ 사용할 주요 블록

마우스포인터 ▼ 위치로 이동하기	선택한 오브젝트 또는 마우스 포인터 위치로 해당 오브젝트가 이동합니다(오브젝트의 중심점이 기준이 됩니다).
소리 강아지 짖는소리 ▼ 재생하기	선택한 소리를 재생합니다. 재생하는 동시에 다음 블록이 실행됩니다.

주사기가 마우스를 따라다니게 만들기

① [파일(📄)]–[오프라인 작품 불러오기]를 선택한 후 [열기] 대화상자에서 [실습파일]–[11차시]에 있는 '동물병원.ent'를 선택하고 [열기] 버튼을 클릭합니다.

② 마우스 포인터 위치로 오브젝트가 계속 이동하기 위해 '주사기' 오브젝트를 선택하고 📍의 ▶ 시작하기 버튼을 클릭했을 때 를 드래그하여 추가한 후 🔺의 ┗계속 반복하기 를 연결합니다.

③ 🔄의 주사기 ▾ 위치로 이동하기 를 반복 블록 안에 연결하고 위치를 '마우스포인터'로 변경합니다.

 마우스 포인터가 있는 위치로 계속 이동하므로 '주사기' 오브젝트가 마우스 포인터를 따라다니게 됩니다.

❶ 마우스 포인터와 닿으면 오브젝트의 모양을 바꾸고 강아지 짖는 소리를 내보겠습니다. 먼저 '강아지1' 오브젝트를 선택하고 [소리] 탭의 [소리 추가하기]를 클릭합니다.

❷ [소리 추가하기] 대화상자의 [소리 선택]-[자연] 탭에서 '강아지 짖는 소리'를 선택하고 [추가하기] 버튼을 클릭합니다.

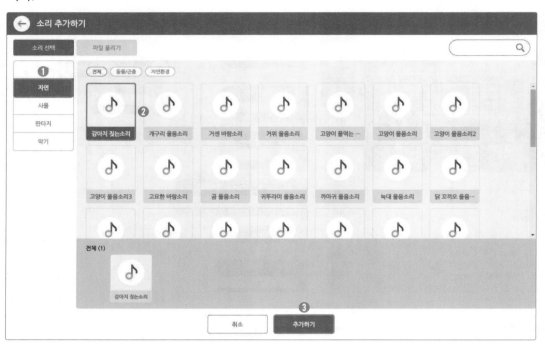

❸ [블록] 탭을 클릭하고 의 시작하기 버튼을 클릭했을 때 를 드래그하여 추가한 후 의 계속 반복하기 를 연결합니다.

④ ⌈흐름⌋의 ⌈만일 참 (이)라면⌋을 반복 블록 안에 연결하고 ⌈판단⌋의 ⌈마우스포인터 ▼ 에 닿았는가?⌋를 조건 입력란에 끼워 넣은 후
‘마우스포인터’를 선택합니다.

⑤ ⌈생김새⌋의 ⌈다음 ▼ 모양으로 바꾸기⌋를 조건문 안에 연결한 후 ⌈소리⌋의 ⌈소리 강아지 짖는소리 ▼ 재생하기⌋를 연결하고 ‘강아지 짖는 소리’
를 선택합니다.

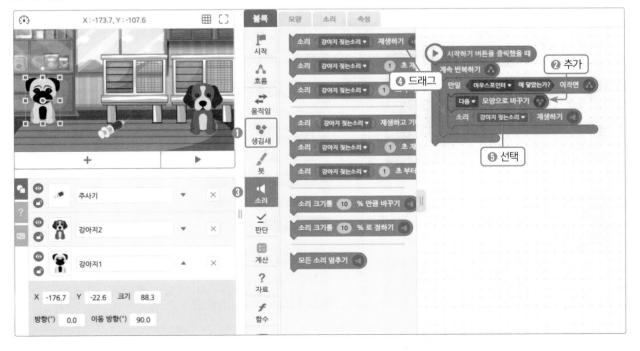

❻ [흐름]의 `2 초 기다리기`를 아래에 연결하고 초를 '1'로 변경한 후 첫 번째 블록 위에서 마우스 오른쪽 버튼을 클릭하고 [코드 복사]를 선택합니다.

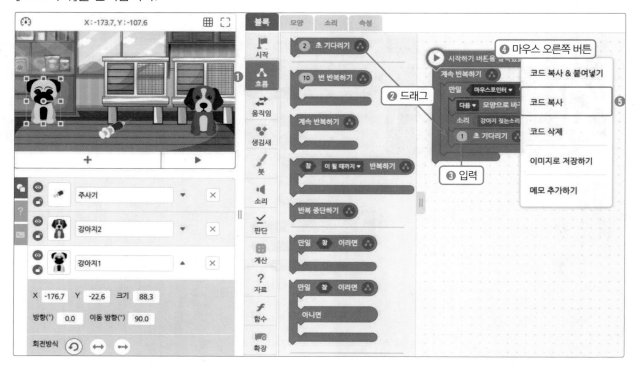

❼ '강아지2' 오브젝트를 선택하고 [소리] 탭의 [소리 추가하기]를 클릭한 후 [소리 추가하기] 대화상자의 [소리 선택]-[자연] 탭에서 '강아지 짖는 소리'를 선택하고 [추가하기] 버튼을 클릭합니다.

❽ 다시 [블록] 탭을 클릭하고 마우스 오른쪽 버튼을 클릭한 후 [붙여넣기]를 선택해 복사해 놓은 코드를 붙여넣습니다.

오브젝트에 추가된 소리는 해당 오브젝트에만 사용할 수 있으므로, 똑같은 소리라도 오브젝트가 바뀌면 소리를 추가해야 됩니다.

01 '과녁' 오브젝트가 마우스를 따라다니고 '모기' 오브젝트가 임의의 위치에 나타났을 때 마우스 포인터와 닿으면 '모기' 오브젝트가 "으악~!"이라고 말하도록 코드를 완성해 보세요.

실습파일 : 모기잡기.ent   완성파일 : 모기잡기(완성).ent

❶ 시작하기 버튼을 클릭하면 '과녁' 오브젝트가 ➜ ❷ ❸을 계속 반복하기 ➜ ❸ 마우스 포인터 위치로 이동하기 ➜ ❹ 시작하기 버튼을 클릭하면 '모기' 오브젝트가 ➜ ❺ ❻~❹를 계속 반복하기 ➜ ❻ x는 −180부터 180 사이의 무작위 수 ➜ ❼ y는 −120부터 120 사이의 무작위 수 ➜ ❽ 위치로 이동하기 ➜ ❾ 오브젝트 모양을 보이게 하고 ➜ ❿ 1초 기다리기 ➜ ⓫ 만일 ➜ ⓬ 마우스 포인터에 닿으면 ➜ ⓭ "으악~!"을 1초 동안 말하기 ➜ ⓮ 모양 숨기기

과녁이 마우스 포인터를 따라다니기

모기가 마우스 포인터에 닿으면 말하기

02 '글러브' 오브젝트가 마우스 포인터를 따라다니고 '두더지'가 임의의 위치에 나타났을 때 마우스와 닿으면 "잡혔네 ㅠㅠ"라고 말하도록 코드를 완성해 보세요.

실습파일 : 두더지잡기.ent   완성파일 : 두더지잡기(완성).ent

❶ 시작하기 버튼을 클릭하면 '글러브' 오브젝트가 ➜ ❷ ❸을 계속 반복하기 ➜ ❸ 마우스 포인터 위치로 이동하기 ➜ ❹ 시작하기 버튼을 클릭하면 '두더지' 오브젝트가 ➜ ❺ ❻~❹를 계속 반복하기 ➜ ❻ x는 −180부터 180 사이의 무작위 수 ➜ ❼ y는 −100부터 100 사이의 무작위 수 ➜ ❽ 위치로 이동하기 ➜ ❾ 오브젝트 모양을 보이게 하고 ➜ ❿ 1초 기다리기 ➜ ⓫ 만일 ➜ ⓬ 마우스 포인터에 닿으면 ➜ ⓭ "잡혔네 ㅠㅠ"를 2초 동안 말하기 ➜ ⓮ 모양 숨기기

글러브가 마우스 포인터를 따라다니기

두더지가 마우스 포인터에 닿으면 말하기

인기 웹툰 작가 되기

12

만화와 애니메이션을 좋아하고 그림을 잘 그리는 미영이는 인기 있는 웹툰 작가가 꿈이에요. 미영이가 그림 연습을 할 수 있도록 엔트리로 그림판을 만들어 주세요.

▹ 붓으로 그림을 그릴 수 있습니다.
▹ 그린 그림을 지울 수 있습니다.
▹ 붓의 색깔과 굵기, 투명도를 변경할 수 있습니다.

실습파일 : 웹툰작가.ent   완성파일 : 웹툰작가(완성).ent

MISSION

연필이 마우스 포인터를 따라다니고 마우스 버튼을 누르면 선이 그려지고 버튼에서 손을 떼면 그려지지 않도록 만들어 보세요. 또 지우개와 닿으면 그림이 지워지고 각 색깔 물감 오브젝트에 닿으면 색이 바뀌도록 코딩해 보세요.

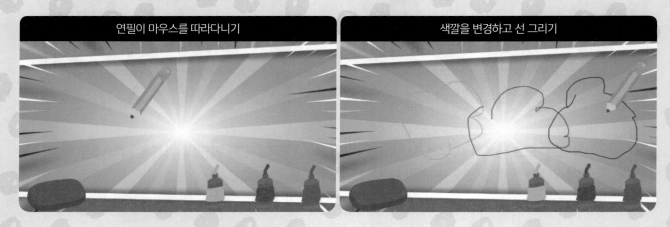

| 연필이 마우스를 따라다니기 | 색깔을 변경하고 선 그리기 |

✅ 사용할 주요 블록

그리기 시작하기	오브젝트가 이동하는 경로를 따라 선 그리기를 시작합니다.
그리기 멈추기	오브젝트가 선 그리기를 멈춥니다.
붓의 색을 ■ (으)로 정하기	오브젝트가 그리는 선의 색을 선택한 색으로 정합니다.
모든 붓 지우기	오브젝트가 그린 선과 도장을 모두 지웁니다.
마우스를 클릭했을 때	마우스를 클릭했을 때 아래에 연결된 블록들을 실행합니다.
마우스 클릭을 해제했을 때	마우스 클릭을 해제했을 때 아래에 연결된 블록들을 실행합니다.

선의 색깔 바꾸고 선 지우기

❶ [파일(▤·)]–[오프라인 작품 불러오기]를 선택한 후 [열기] 대화상자에서 [실습파일]–[12차시]에 있는 '웹툰작가.ent'를 선택하고 [열기] 버튼을 클릭합니다.

❷ 마우스 포인터 위치로 오브젝트가 계속 이동하기 위해 '연필' 오브젝트를 선택하고 [시작]의 ▶ 시작하기 버튼을 클릭했을 때 를 드래그하여 추가한 후 [흐름]의 계속 반복하기 를 연결합니다.

❸ [움직임]의 연필▼ 위치로 이동하기 를 반복 블록 안에 연결하고 '마우스포인터'로 변경합니다.

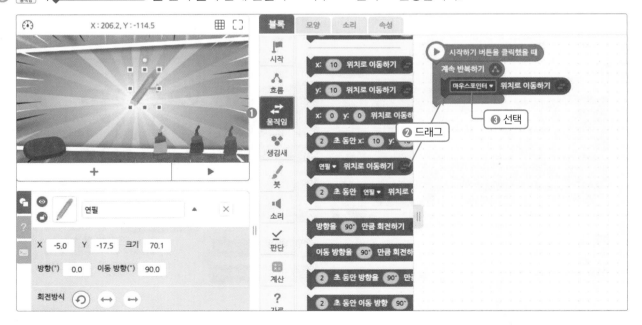

④ 흐름의 만일 참 (이)라면 을 아래에 연결하고 판단의 마우스포인터 ▼ 에 닿았는가? 를 조건 입력란에 끼워 넣은 후 '지우개'로 변경하고 붓의 모든 붓 지우기 를 조건 블록 안에 연결합니다.

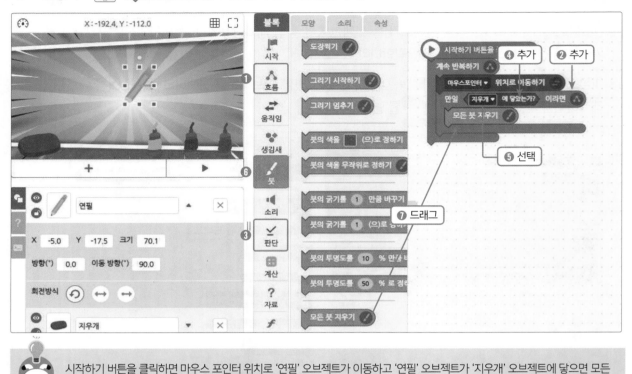

시작하기 버튼을 클릭하면 마우스 포인터 위치로 '연필' 오브젝트가 이동하고 '연필' 오브젝트가 '지우개' 오브젝트에 닿으면 모든 선이 지워집니다.

⑤ 조건 블록 위에서 마우스 오른쪽 버튼을 클릭하여 [코드 복사 & 붙여넣기]를 선택한 후 블록을 아래에 연결하고 조건의 '지우개'를 '파랑'으로 변경합니다.

⑥ 모든 붓 지우기 를 휴지통으로 드래그하여 삭제하고 붓의 붓의 색을 (으)로 정하기 를 조건 블록 안에 연결한 후 색을 '파랑'으로 지정합니다.

그리기 색을 지정하려면 블록의 색상 부분을 클릭하여 스포이드(🖊)를 클릭한 후 '물감' 오브젝트의 색상 부분을 클릭하면 동일한 색상이 선택됩니다.

7 조건 블록 위에서 마우스 오른쪽 버튼을 클릭하여 [코드 복사 & 붙여넣기]를 선택한 후 블록을 아래에 연결하고 조건의 '파랑'을 '빨강'으로 변경하고  의 색을 '빨강'으로 변경합니다.

색상 지정하기

블록의 색상 표시를 클릭하면 원하는 색상을 다양하게 지정할 수 있습니다.

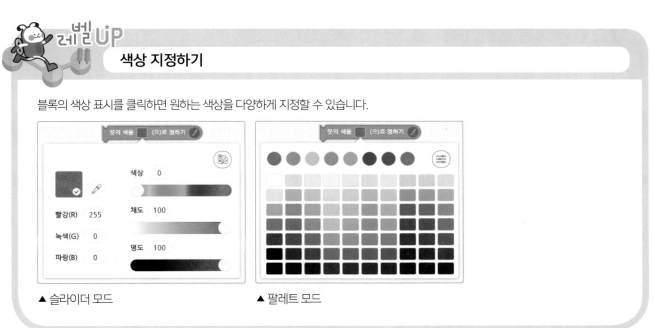

▲ 슬라이더 모드   ▲ 팔레트 모드

❽ 한 번 더 조건 블록 위에서 마우스 오른쪽 버튼을 클릭하여 [코드 복사 & 붙여넣기]를 선택한 후 블록을 아래에 연결하고 조건의 '빨강'을 '노랑'으로 변경하고 붓의 색을 ■ (으)로 정하기 🖊 의 색을 '노랑'으로 변경합니다.

 '연필' 오브젝트가 '파랑', '빨강', '노랑' 오브젝트에 닿으면 그리기 색을 각각 파랑, 빨강, 노랑으로 바꾸는 코드입니다.

2 마우스 동작으로 선 그리기

❶ 마우스 버튼을 클릭했을 때만 선이 그려지도록 만들기 위해 [시작]의 ⬤ 마우스를 클릭했을 때 를 추가하고 [흐름]의 계속 반복하기 를 연결한 후 [붓]의 그리기 시작하기 🖊 를 반복 블록 안에 연결합니다.

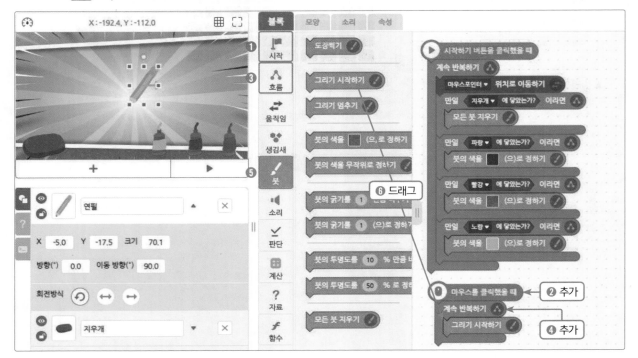

❷ ⬛의 🔵 [마우스 클릭을 해제했을 때] 를 추가하고 ⬛의 [계속 반복하기 ⌃] 를 연결한 후 ✏️의 [그리기 멈추기 ✏️] 를 반복 블록 안에 연결합니다.

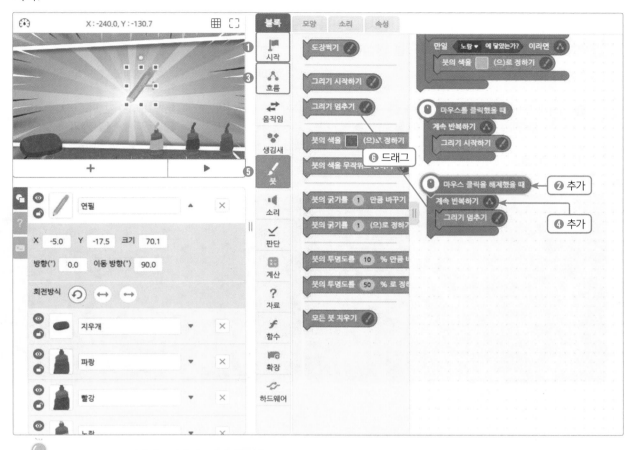

💡 마우스를 클릭했을 때와 클릭을 해제했을 때로 구분하지 않으면 마우스가 움직일 때마다 계속 선이 그려지게 됩니다.

❸ 시작하기(▶) 버튼을 클릭하여 연필이 마우스를 따라다니다 물감에 닿았을 때 마우스를 클릭하여 그려봅니다. 연필에 닿은 물감의 색에 따라 다르게 그려지고, 지우개에 닿았을 때 그린 그림이 모두 지워지는 것을 확인합니다.

01 연필이 마우스를 따라다니면서 그림을 그릴 수 있도록 만들고 +에 닿으면 굵게, −에 닿으면 가늘게 그려지도록 코드를 완성해 보세요.

실습파일 : 칠판그리기.ent   완성파일 : 칠판그리기(완성).ent

❶ 시작하기 버튼을 클릭하면 ➡ ❷ ❸~❾를 계속 반복하기 ➡ ❸ '연필' 오브젝트가 마우스 포인터 위치로 이동하기 ➡ ❹ 만일 ➡ ❺ '더하기'에 닿으면 ➡ ❻ 붓의 굵기를 1만큼 바꾸기 ➡ ❼ 만일 ➡ ❽ '빼기'에 닿으면 ➡ ❾ 붓의 굵기를 −1만큼 바꾸기 ➡ ❿ 마우스를 클릭했을 때 ➡ ⓫ 그리기 시작하기 ➡ ⓬ 마우스 클릭을 해제했을 때 ➡ ⓭ 그리기 멈추기

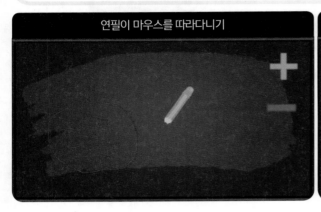

연필이 마우스를 따라다니기

+와 −에 닿으면 굵기 변경

02 연필이 마우스를 따라다니면서 그림을 그릴 수 있도록 만들고 +에 닿으면 투명하게, −에 닿으면 불투명하게 그려지도록 코드를 완성해 보세요.

실습파일 : 웹툰 불투명도.ent   완성파일 : 웹툰 불투명도(완성).ent

❶ 시작하기 버튼을 클릭하면 ➡ ❷ ❸~❾를 계속 반복하기 ➡ ❸ '연필' 오브젝트가 마우스 포인터 위치로 이동하기 ➡ ❹ 만일 ➡ ❺ '더하기'에 닿으면 ➡ ❻ 붓의 투명도를 1%만큼 바꾸기 ➡ ❼ 만일 ➡ ❽ '빼기'에 닿으면 ➡ ❾ 붓의 투명도를 −1%만큼 바꾸기 ➡ ❿ 마우스를 클릭했을 때 ➡ ⓫ 그리기 시작하기 ➡ ⓬ 마우스 클릭을 해제했을 때 ➡ ⓭ 그리기 멈추기

연필이 마우스를 따라다니기

+와 −에 닿으면 투명도 변경

맛있는 케이크를 만드는 제빵사 되기

13

빵을 좋아하는 지윤이는 맛있는 케이크를 만드는 제빵사가 되고 싶어요. 그러려면 맛있는 케이크를 많이 먹어봐야겠죠? 하늘에서 떨어지는 케이크를 모두 받아 맛 볼 수 있도록 만들어 주세요.

▷ 키보드를 이용해 오브젝트를 이동시킬 수 있습니다.
▷ 오브젝트가 아래로 떨어지도록 만들 수 있습니다.
▷ 특정 오브젝트에 닿으면 오브젝트를 숨길 수 있습니다.

실습파일 : 제빵사.ent　　완성파일 : 제빵사(완성).ent

MISSION

'케이크' 오브젝트들이 무작위 초를 기다리고 위에서 아래로 아래쪽 벽에 닿을 때까지 이동하도록 만들고, '셰프' 오브젝트와 닿으면 모양을 숨겨 보세요.

케이크가 위에서 아래로 이동

케이크가 셰프에 닿으면 케이크를 숨기기

☑ 사용할 주요 블록

참 이 될 때까지 ▼ 반복하기	조건이 참이 될 때까지 또는 참인 동안 안쪽 블록들을 반복해서 실행합니다.
0 부터 10 사이의 무작위 수 초 기다리기	0부터 10 사이의 무작위 초 동안 기다립니다.

1 셰프를 좌우로 움직이기

❶ [실습파일]-[13차시]에 있는 '제빵사.ent'를 불러온 후 '셰프' 오브젝트를 선택합니다.

❷ 방향키를 이용해 오브젝트를 오른쪽과 왼쪽으로 이동시키기 위해 [시작]의 `q▼ 키를 눌렀을 때`를 드래그하여 [블록 조립소]에 추가하고 키를 '오른쪽 화살표'로 변경합니다. [움직임]의 `x 좌표를 10 만큼 바꾸기`를 아래에 연결하고 x 좌푯값을 '10'만큼 바꾸기로 변경합니다.

❸ `오른쪽 화살표▼ 키를 눌렀을 때`에서 마우스 오른쪽 버튼을 클릭하고 [코드 복사 & 붙여넣기]를 선택한 후 키를 '왼쪽 화살표'로, x 좌푯값을 '-10'만큼 바꾸기로 변경합니다.

2 케이크가 아래로 떨어지기

1 시작하기 버튼을 클릭하면 오브젝트를 숨기기 위해 '케이크4' 오브젝트를 선택하고 [시작]의 ▶ 시작하기 버튼을 클릭했을 때 를 드래그하여 추가한 후 [생김새]의 [모양 숨기기] 를 연결합니다.

2 임의의 초가 지난 후 케이크가 이동되도록 만들기 위해 [흐름]의 [2 초 기다리기] 를 아래에 연결합니다.

3 [계산]의 [0 부터 10 사이의 무작위 수] 를 초 입력란에 끼워 넣은 후 '0'부터 '10' 사이로 숫자를 변경합니다.

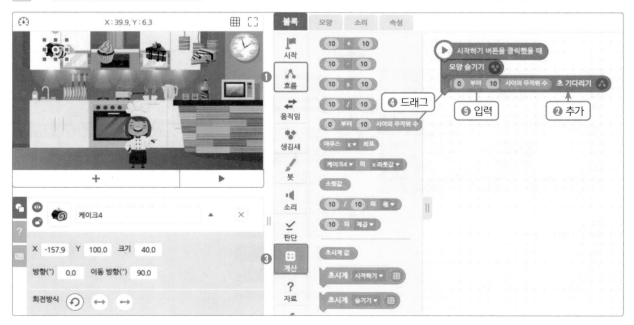

④ 임의의 위치에서 케이크가 떨어지도록 만들기 위해 [움직임]의 ⌐x: 0 y: 0 위치로 이동하기⌐를 아래에 연결한 후 y 좌푯값을 '180'으로 변경합니다.

⑤ [계산]의 ⌐0 부터 10 사이의 무작위 수⌐를 x 좌푯값에 끼워 넣고 '-200'부터 '200' 사이로 숫자를 변경한 후 [생김새]의 ⌐모양 보이기⌐를 연결합니다.

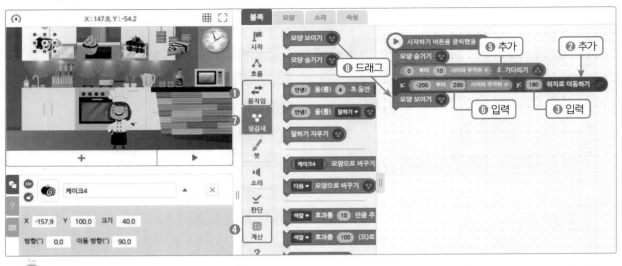

높이는 고정시키고 좌우만 임의의 위치로 이동하기 위해 y 좌푯값은 고정시키고 x 좌푯값만 임의의 값으로 지정합니다.

⑥ '케이크4' 오브젝트가 아래쪽 벽에 닿을 때까지 위에서 아래로 이동하기 위해 [흐름]의 ⌐참 이 될 때까지 반복하기⌐를 아래에 연결시키고 [판단]의 ◁마우스포인터 ▼ 에 닿았는가?▷를 조건 입력란에 끼워 넣은 후 '아래쪽 벽'으로 변경합니다.

⑦ '케이크4' 오브젝트가 아래로 이동하기 위해 [움직임]의 ⌐y 좌표를 10 만큼 바꾸기⌐를 반복 블록 안에 연결한 후 값을 '-1'로 변경합니다.

오브젝트가 위에서 아래쪽 벽에 닿을 때까지 1만큼씩 아래로 이동합니다.

❽ '케이크4' 오브젝트가 '셰프' 오브젝트에 닿으면 모양을 숨기기 위해 [흐름]의 [만일 참 (이)라면 △]을 추가합니다.

❾ [판단]의 [마우스포인터 ▼ 에 닿았는가?]를 조건 입력란에 끼워 넣고 '셰프'로 변경한 후 [생김새]의 [모양 숨기기 🙂]를 조건 블록 안에 연결합니다.

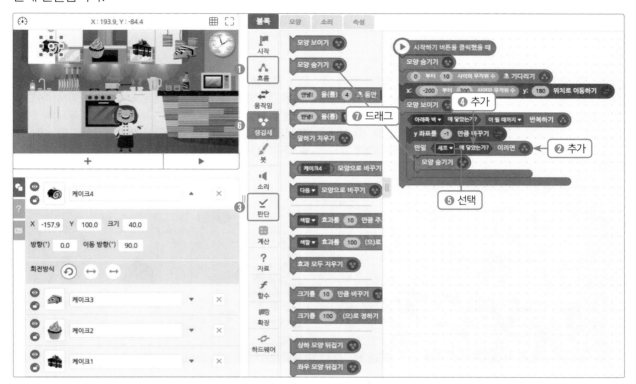

❿ [▶ 시작하기 버튼을 클릭했을 때] 블록 위에서 마우스 오른쪽 버튼을 클릭하고 [코드 복사]를 선택한 후 '케이크1', '케이크2', '케이크3' 오브젝트를 각각 선택한 다음 마우스 오른쪽 버튼을 클릭해 [붙여넣기]를 선택하여 코드를 복사합니다.

01 방향키를 누르면 캐릭터가 좌우로 움직이고 하늘에서 임의의 시간 간격으로 떨어지는 똥을 피하면서 캐릭터가 똥에 닿으면 "맞았다"를 말하도록 코드를 완성해 보세요.

실습파일 : 똥피하기.ent　　　완성파일 : 똥피하기(완성).ent

❶ 오른쪽 화살표 키를 누르면 '캐릭터' 오브젝트가 ➔ ❷ x 좌표를 20만큼 바꾸고 ➔ ❸ 왼쪽 화살표 키를 누르면 ➔ ❹ x 좌표를 −20만큼 바꾸기 ➔ ❺ 시작하기 버튼을 클릭하면 '똥1~3' 오브젝트가 ➔ ❻ 모양을 숨기고 ➔ ❼ x는 −200부터 200 사이의 무작위 수, y는 180 ➔ ❽ 위치로 이동하기 ➔ ❾ 1부터 5 사이의 무작위 초만큼 ➔ ❿ 기다리고 ➔ ⓫ 모양 보이기 ➔ ⓬ 아래쪽 벽에 닿을 때까지 ➔ ⓭ ⓮~⓲을 반복하기 ➔ ⓮ y 좌표를 −1만큼 바꾸고 ➔ ⓯ 만일 ➔ ⓰ 캐릭터에 닿으면 ➔ ⓱ "맞았다~!"를 2초 동안 말하고 ➔ ⓲ 모양 숨기기

02 방향키를 누르면 우주선이 위아래로 움직이고 임의의 시간에 다가오는 운석을 피하면서 운석이 우주선에 닿으면 운석의 색깔이 변하도록 코드를 완성해 보세요.

실습파일 : 운석피하기.ent　　　완성파일 : 운석피하기(완성).ent

❶ 위쪽 화살표 키를 누르면 '우주선' 오브젝트가 ➔ ❷ y 좌표를 10만큼 바꾸고 ➔ ❸ 아래쪽 화살표 키를 누르면 ➔ ❹ y 좌표를 −10만큼 바꾸기 ➔ ❺ 시작하기 버튼을 클릭하면 '돌1~3' 오브젝트가 ➔ ❻ 모양을 숨기고 ➔ ❼ x는 240, y는 −120부터 120 사이의 무작위 수 ➔ ❽ 위치로 이동하기 ➔ ❾ 1부터 5 사이의 무작위 초만큼 ➔ ❿ 기다리고 ➔ ⓫ 모양 보이기 ➔ ⓬ 왼쪽 벽에 닿을 때까지 ➔ ⓭ ⓮~⓱을 반복하기 ➔ ⓮ x 좌표를 −2만큼 바꾸고 ➔ ⓯ 만일 ➔ ⓰ 우주선에 닿으면 ➔ ⓱ 색깔 효과를 10만큼 주기

응급 환자를 구하는 의사 되기

14

아픈 환자를 돌보는 의사가 꿈인 시현이는 위급한 환자가 병원에 왔을 때 어떻게 진료를 보는지 응급실을 관찰해보고 싶어요. 의사들이 짧은 시간 안에 환자를 살리기 위해 어떻게 움직이는지 여러분이 보여주세요.

▸ 조건을 만족했을 때 신호를 보낼 수 있습니다.
▸ 신호를 받으면 오브젝트를 보이게 할 수 있습니다.
▸ 서서히 사라지는 모습을 효과로 만들 수 있습니다.

실습파일 : 의사되기.ent   완성파일 : 의사되기(완성).ent

MISSION

'구급차'가 이동해 병원과 닿으면 신호를 보내고 숨겨진 상태의 '의사'와 '환자'는 신호를 받으면 나타나 말을 한 후 서서히 사라지는 코드를 완성해 보세요.

구급차가 병원 쪽으로 이동하기

구급차가 병원과 닿으면 신호를 보내고
의사와 환자가 나타나서 말하기

환자를 수술실로 옮기세요!

☑ 사용할 주요 블록

대상없음 ▾ 신호를 받았을 때	선택한 신호를 받으면 아래에 연결된 블록들을 실행합니다.
대상없음 ▾ 신호 보내기	선택한 신호를 보냅니다.

① 구급차를 병원으로 이동시키기

❶ [실습파일]-[14차시]에 있는 '의사되기.ent'를 불러온 후 [속성] 탭-[신호]-[신호 추가하기]를 클릭합니다.

❷ 신호 이름을 "환자내리기"로 입력하고 [확인] 버튼을 클릭합니다.

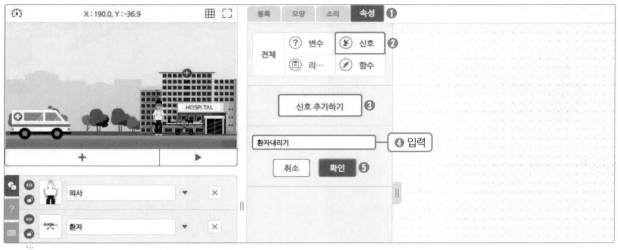

> 신호를 보내기 위해서는 먼저 신호를 만들어야 하고, 한 장면에는 여러 개의 신호를 만들 수 있습니다.

❸ 구급차가 병원 쪽으로 천천히 이동하는 모습을 만들기 위해 '구급차' 오브젝트를 선택하고 [시작] 의 [▶ 시작하기 버튼을 클릭했을 때] 를 드래그하여 추가합니다.

의 [참 이 될 때까지 ▼ 반복하기] 를 아래에 연결하고 [판단] 의 [마우스포인터 ▼ 에 닿았는가?] 를 조건 입력란에 끼워 넣은 후 '병원'을 선택합니다.

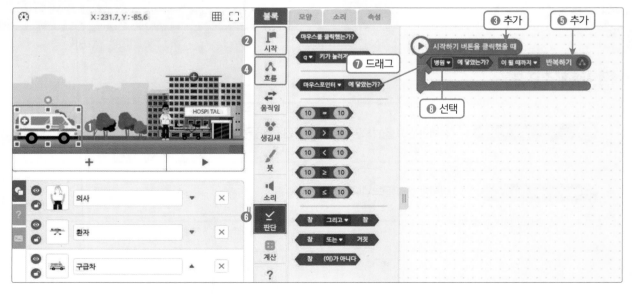

⑤ 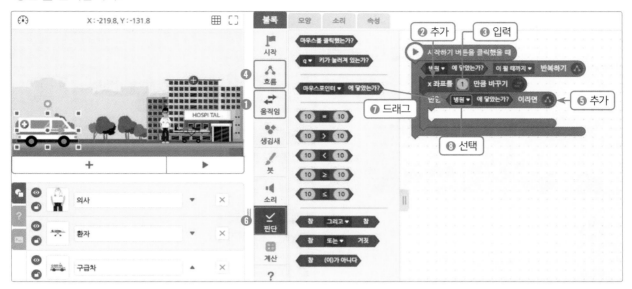 의 `x 좌표를 10 만큼 바꾸기` 를 반복 블록 안에 연결하고 값을 '1'로 변경합니다.

⑥ `만일 참 (이)라면` 을 반복 블록 안에 연결한 후 `마우스포인터 ▼ 에 닿았는가?` 를 조건 입력란에 끼워 넣은 후 '병원'을 선택합니다.

⑦ `환자내리기 ▼ 신호 보내기` 를 조건 블록 안에 추가하고 신호를 '환자내리기'로 변경합니다.

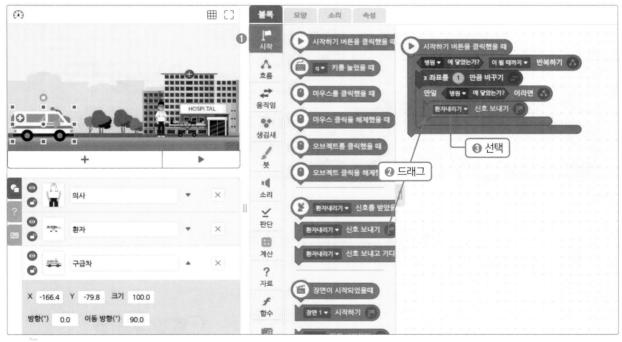

시작 버튼을 클릭하면 '구급차' 오브젝트가 '병원' 오브젝트에 닿을 때까지 x 좌표를 1만큼씩 바꿔 이동시키고 '병원' 오브젝트에 닿으면 '환자내리기' 신호를 보냅니다.

② 신호를 받으면 나타나며 말하기

❶ 시작하기 버튼을 누르면 오브젝트를 숨기기 위해 '의사' 오브젝트를 선택하고 [시작]의 ▶ 시작하기 버튼을 클릭했을 때 를 추가한 후 [생김새]의 모양 숨기기 ✿ 를 아래에 연결합니다.

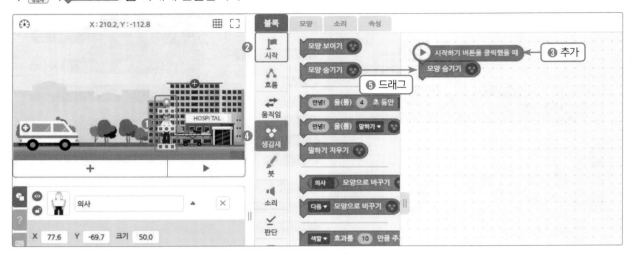

❷ '구급차'와 '병원' 오브젝트가 닿으면 보내는 '환자 내리기' 신호를 받았을 때 오브젝트를 보이게 하기 위해 [시작]의 환자내리기 ▼ 신호 보내기 ⚑ 를 추가하고 신호를 '환자내리기'로 변경한 후 [생김새]의 모양 보이기 ✿ 를 아래에 연결합니다.

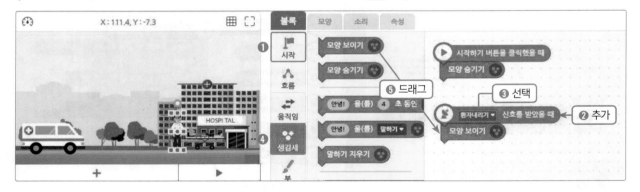

❸ 오브젝트가 나타나면 1초 기다렸다가 말을 하기 위해 [흐름]의 2 초 기다리기 ⚐ 를 연결하고 초를 '1'로 변경한 후 [생김새]의 안녕! 을(를) 4 초 동안 말하기 ▼ ✿ 를 연결한 다음 말을 "환자를 수술실로 옮기세요!"로, 초를 '2'로 변경합니다.

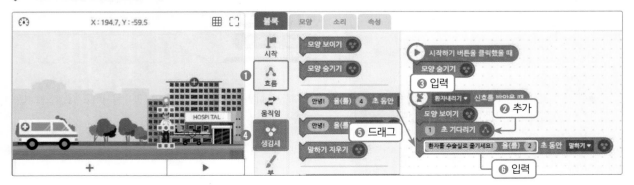

④ 오브젝트가 서서히 사라지도록 만들기 위해 [흐름]의 `계속 반복하기`를 연결하고 [생김새]의 `색깔 효과를 10 만큼 주기`를 연결한 후 효과를 '투명도'로, 값을 '10'으로 변경합니다.

⑤ [흐름]의 `2 초 기다리기`를 아래에 연결하고 초를 '0.2'로 변경합니다.

⑥ '의사' 오브젝트의 코드를 모두 복사하여 '환자' 오브젝트에 붙여 넣습니다.

⑦ `2 초 기다리기`의 초를 '3'으로 변경하고 `환자를 수술실로 옮기세요! 을(를) 2 초 동안 말하기` 블록만 삭제합니다.

'환자'는 말을 하지 않기 때문에 '의사'가 기다리고 말하는 시간인 3초를 기다리도록 합니다.

01 '우주선폭발.ent' 파일을 열고 '충돌' 신호를 만든 후 '돌1', '돌2', '돌3' 오브젝트의 코드에 '충돌' 신호를 보내는 블록을 추가해 보세요.

실습파일 : 우주선폭발.ent   완성파일 : 우주선폭발(완성).ent

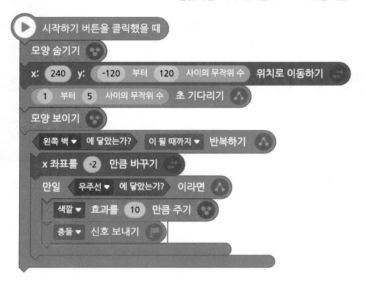

02 시작하기를 클릭하면 '폭발' 오브젝트가 숨겨지고 '우주선'과 '돌' 오브젝트가 부딪혀 '충돌' 신호를 받으면 '우주선'이 숨겨지고 '폭발' 오브젝트가 우주선 위치에 나타나도록 코드를 완성해 보세요.

❶ 시작 버튼을 클릭하면 '폭발' 오브젝트가 ➔ ❷ 모양을 숨기고 ➔ ❸ ❹를 반복하기 ➔ ❹ '우주선' 위치로 이동하기 ➔ ❺ '충돌' 신호를 받으면 ➔ ❻ 모양 보이기 ➔ ❼ '충돌' 신호를 받으면 '우주선' 오브젝트가 ➔ ❽ 모양 숨기기

시작하기 버튼을 클릭하면 '폭발' 오브젝트 숨기기

'우주선'과 '돌'이 부딪히면 '우주선'을 숨기고 '폭발' 보이기

천재 피아니스트 되기

피아노를 5년 넘게 배우고 있는 민지는 피아노를 전공하고 유명한 피아니스트가 되고 싶어요. 학교에서도 피아노 연습을 할 수 있도록 여러분이 피아노를 만들어 주세요.

학습목표
▸ 피아노 건반을 클릭하면 소리를 재생할 수 있습니다.
▸ 손 모양 오브젝트가 마우스 포인터를 따라다니도록 만들 수 있습니다.
▸ 피아노 건반에 마우스 포인터가 위치하면 소리가 나도록 만들 수 있습니다.

실습파일 : 피아니스트.ent   **완성파일** : 피아니스트(완성).ent

MISSION

'손가락' 오브젝트가 마우스 포인터를 따라다니고 피아노 음계 소리를 추가해 건반을 클릭하면 소리가 나도록 만들어 보세요.

| 손가락이 마우스 포인터를 따라다니기 | 피아노 건반을 클릭하면 소리 내기 |

☑ 사용할 주요 블록

🎤 오브젝트를 클릭했을 때	오브젝트를 클릭했을 때 아래에 연결된 블록들을 실행합니다.
소리 [피아노_07파 ▾] 재생하기 🔊	해당 오브젝트가 선택한 소리를 재생하는 동시에 다음 블록을 실행합니다.
소리 [피아노_07파 ▾] 재생하고 기다리기 🔊	해당 오브젝트가 선택한 소리를 재생한 후 재생이 끝나면 다음 블록을 실행합니다.

마우스 포인터를 따라다니는 손가락

❶ [실습파일]-[15차시]에 있는 '피아니스트.ent'를 불러온 후 '손가락' 오브젝트를 선택합니다.

❷ '손가락' 오브젝트가 마우스 포인터를 계속 따라다니도록 만들기 위해 의 ▶ 시작하기 버튼을 클릭했을 때 를 드래그하여 추가합니다.

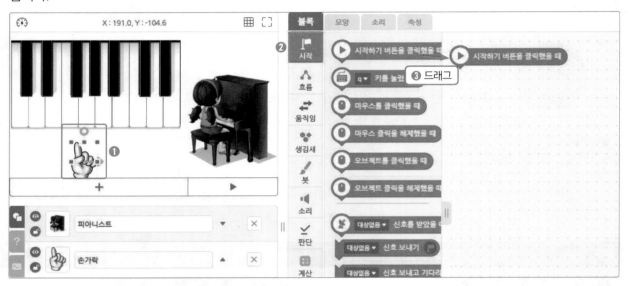

❸ 의 계속 반복하기 를 연결하고 의 피아니스트▼ 위치로 이동하기 를 반복 블록 안에 연결한 후 '마우스포인터'로 변경합니다.

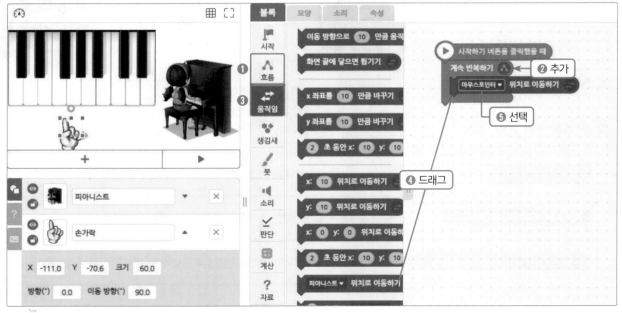

 '손가락' 오브젝트의 중심점이 손가락을 약간 벗어나 있는 것을 확인할 수 있습니다. 마우스 포인터가 피아노 건반을 클릭할 때 '손가락' 오브젝트 위에서 클릭하면 클릭으로 인식하지 못하기 때문에 손가락 그림 옆으로 중심점을 옮겨 놓았습니다.

② 건반을 클릭하면 소리내기

① 건반을 누르면 나는 소리를 추가하기 위해 도 음계의 '도' 건반 오브젝트를 선택한 후 [소리] 탭–[소리 추가하기]를 클릭합니다.

② [소리 추가하기] 대화상자에서 [악기]를 클릭하고 '피아노_04도'를 선택한 후 [추가하기] 버튼을 클릭합니다.

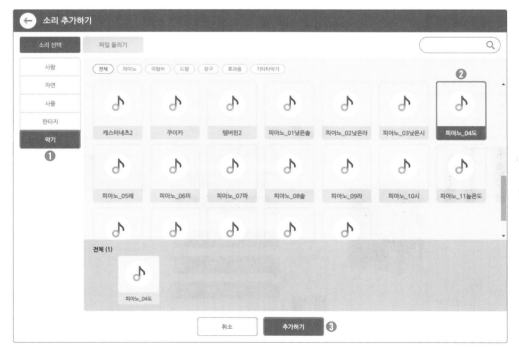

❸ [블록] 탭을 클릭하고 🏳️의 🔵오브젝트를 클릭했을 때 를 드래그하여 추가하고 🔊의 소리 피아노_04도▼ 재생하기 🔊를 연결한 후 소리를 '피아노_04도'로 변경합니다.

❹ 다른 건반도 클릭하면 해당되는 음계가 소리 나도록 만들기 위해 각 흰색 건반 오브젝트마다 소리를 추가하고 블록을 ❸번과 같이 각각 추가한 후 소리를 다음과 같이 변경합니다.

- '레' 건반 오브젝트 : 피아노_05레
- '파' 건반 오브젝트 : 피아노_07파
- '라' 건반 오브젝트 : 피아노_09라
- '높은 도' 건반 오브젝트 : 피아노_11높은도
- '높은 미' 건반 오브젝트 : 피아노_13높은미
- '미' 건반 오브젝트 : 피아노_06미
- '솔' 건반 오브젝트 : 피아노_08솔
- '시' 건반 오브젝트 : 피아노_10시
- '높은 레' 건반 오브젝트 : 피아노_12높은레

❺ 시작하기(▶) 버튼을 클릭하여 '손가락' 오브젝트로 건반을 클릭할 때마다 음계에 맞는 소리가 나는지 확인합니다.

01 '손가락' 오브젝트가 마우스 포인터를 따라다니고 마우스 포인터가 건반 위에 위치하면 피아노 음계 소리가 나도록 코드를 완성해 보세요.

실습파일 : 피아노.ent   완성파일 : 피아노(완성).ent

❶ 각 건반 오브젝트를 선택하여 건반에 맞는 음계 소리를 오브젝트마다 추가하기 ➔ ❷ 시작하기 버튼을 클릭하면 '손가락' 오브젝트가 ➔ ❸ ❹를 계속 반복하기 ➔ ❹ 마우스 포인터 위치로 이동하기 ➔ ❺ 시작하기 버튼을 클릭하면 '도' 건반 오브젝트가 ➔ ❻ ❼~❾를 계속 반복하기 ➔ ❼ 만일 ➔ ❽ 마우스포인터에 닿으면 ➔ ❾ 소리 '피아노_04도'를 재생하고 기다리기

| 손가락이 마우스 포인터를 따라다니기 | 마우스 포인터가 피아노 건반 위에 놓이면 소리 내기 |

02 키보드의 방향키를 누를 때마다 다른 드럼 소리가 나도록 코드를 완성해 보세요.

실습파일 : 드럼연주.ent   완성파일 : 드럼연주(완성).ent

❶ '드럼' 오브젝트를 선택하여 '드럼 열린 하이헷', '드럼 작은북', '드럼 크래쉬 심벌', '드럼 플로어 탐탐' 소리를 추가하기 ➔ ❷ 위쪽 화살표 키를 눌렀을 때 ➔ ❸ '드럼 열린 하이헷' 소리 재생하고 기다리기 ➔ ❹ 아래쪽 화살표 키를 눌렀을 때 ➔ ❺ '드럼 작은북' 소리 재생하고 기다리기 ➔ ❻ 오른쪽 화살표 키를 눌렀을 때 ➔ ❼ '드럼 크래쉬 심벌' 소리 재생하고 기다리기 ➔ ❽ 왼쪽 화살표 키를 눌렀을 때 ➔ ❾ '드럼 플로어 탐탐' 소리 재생하고 기다리기

16 프리미어 리그에서 뛰는 축구선수 되기

어린이 축구단에서 스트라이커를 맡고 있는 민수는 축구를 좋아하고 항상 프리미어 리그 경기를 즐겨봐요. 축구를 열심히 해서 프리미어 리그 선수가 꿈인 민수를 위해 골을 넣는 게임을 만들어 주세요.

▸ 키보드를 이용해 축구공을 움직일 수 있습니다.
▸ 골키퍼를 계속해서 좌우로 이동시킬 수 있습니다.
▸ 골인과 노골을 확인해 말할 수 있습니다.

실습파일 : 축구.ent   완성파일 : 축구(완성).ent

MISSION

골키퍼가 좌우로 임의의 속도로 움직이고 키보드의 스페이스 키를 눌러 이동 방향으로 축구공이 이동하도록 합니다. 축구공이 골키퍼에 닿으면 노골을 말하고, 골대에 닿으면 골인을 말하도록 코드를 완성해 보세요.

골키퍼가 좌우로 이동

스페이스 키를 누르면 축구공이 이동하고
골대에 닿으면 '골인'을 말하기

☑ 사용할 주요 블록

참 또는▼ 거짓	두 판단 중 하나라도 참인 경우 참으로 판단합니다.
반복 중단하기	이 블록을 감싸는 가장 가까운 반복 블록의 반복을 중단합니다.
0 부터 10 사이의 무작위 수	입력한 두 수 사이에서 선택된 무작위 수 값입니다.

1 좌우로 이동하는 골키퍼 만들기

❶ [실습파일]-[16차시]에 있는 '축구.ent'를 불러온 후 골키퍼를 좌우로 이동시키기 위해 '골키퍼' 오브젝트를 선택합니다.

❷ [시작]의 ▶ 시작하기 버튼을 클릭했을 때 를 드래그하여 추가한 후 [흐름]의 계속 반복하기 를 아래에 연결합니다.

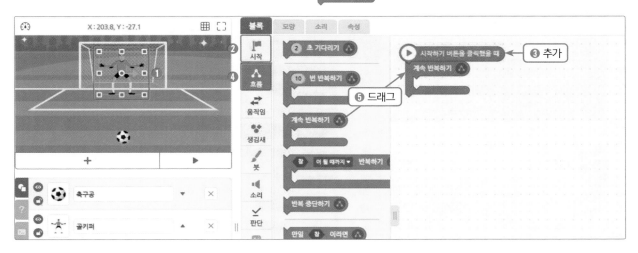

❸ [움직임]의 이동 방향으로 10 만큼 움직이기 를 반복 블록 안에 연결하고 [계산]의 0 부터 10 사이의 무작위 수 를 값에 끼워 넣은 후 '5'부터 '10' 사이의 수가 무작위로 선택되도록 변경합니다.

❹ [움직임]의 화면 끝에 닿으면 튕기기 를 아래에 연결하고 오브젝트의 회전 방식에서 좌우 방향 회전(↔)을 선택합니다.

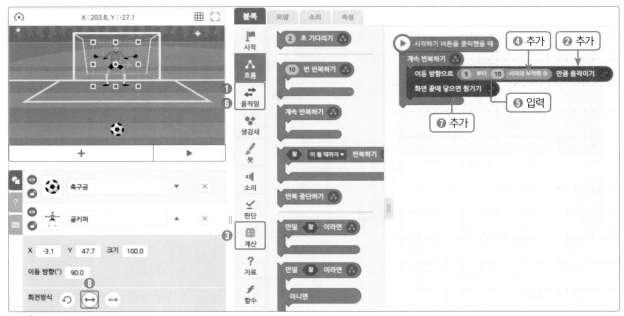

 화면 끝에 닿으면 튕길 때 오브젝트가 회전되지 않도록 회전 방식을 좌우 방향 회전(↔)으로 지정합니다.

2 축구공을 이동시켜 골대에 넣기

❶ 스페이스 키를 누르면 축구공을 이동시키기 위해 '축구공' 오브젝트를 선택하고 📗의 q▾ 키를 놓았을 때 를 드래그하여 추가하여 키를 '스페이스'로 변경한 후 📗의 계속 반복하기 를 아래에 연결합니다.

❷ 📗의 이동 방향으로 10 만큼 움직이기 를 반복 블록 안에 연결하고 값을 '5'로 변경한 후 골키퍼에 닿았는지 판단하기 위해 📗의 만일 참 (이)라면 을 연결합니다.

❸ 📗의 참 또는▾ 거짓 을 조건 입력란에 끼워 넣고 📗의 마우스포인터▾ 에 닿았는가? 를 양쪽 조건에 끼워 넣은 후 왼쪽은 '골키퍼'로, 오른쪽은 '벽'으로 변경합니다.

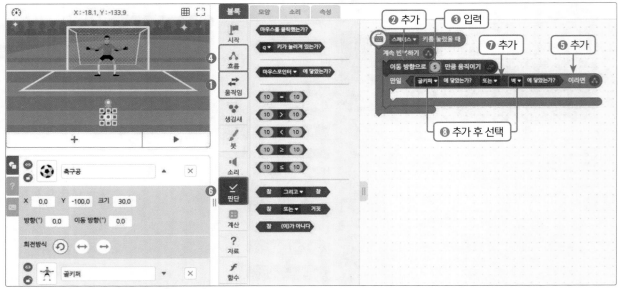

 골키퍼 또는 벽 둘 중 하나에만 닿아도 조건 블록이 감싸고 있는 블록들이 실행됩니다.

❹ 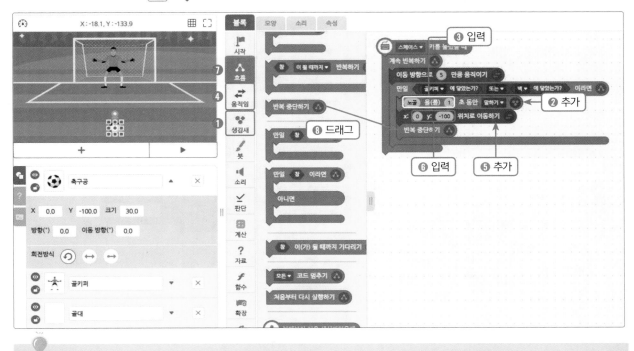의 안녕! 을(를) 4 초 동안 말하기▼ ❤ 를 추가하고 말을 "노골"로, 초를 '1'로 변경합니다.

❺ 축구공을 원래 위치로 이동시키기 위해 ⇄의 x 0 y: 0 위치로 이동하기 를 아래에 추가하고 x 좌표를 '0'으로, y 좌표를 '−100'으로 지정한 후 ∧의 반복 중단하기 ∧ 를 아래에 연결합니다.

> 축구공이 골키퍼 또는 벽에 닿으면 "노골"을 말하고 축구공이 원래 있던 위치로 이동한 후 반복을 중단합니다.

❻ 조건 블록 위에서 마우스 오른쪽 버튼을 클릭하여 [코드 복사 & 붙여넣기]를 선택합니다.

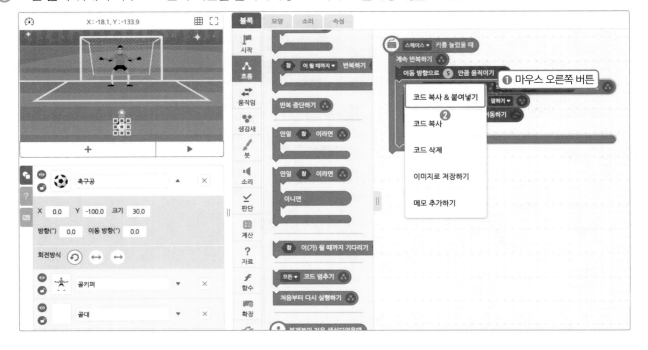

❼ 복사된 조건 블록을 기존의 조건 블록 아래에 연결하고 조건 입력란의

〈 골키퍼 ▼ 에 닿았는가? 또는 ▼ 벽 ▼ 에 닿았는가? 〉 블록을 휴지통으로 드래그하여 삭제합니다.

❽ 골대에 닿았는지 확인하기 위해 판단 의 〈 마우스포인터 ▼ 에 닿았는가? 〉를 조건 입력란에 끼워 넣은 후 '골대'로 변경합니다.

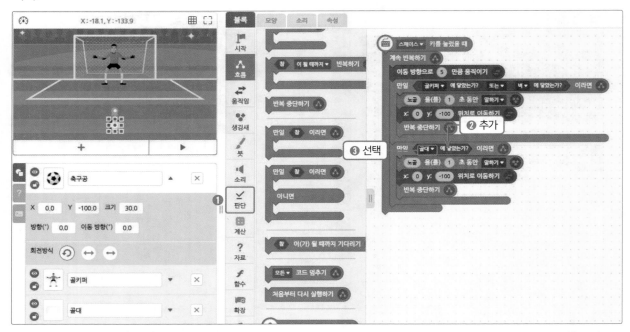

❾ 말하기 블록에서 말을 "골인"으로 변경하고 [시작하기]를 클릭해 축구 게임을 진행해 봅니다. 골대에 닿았는지 골키퍼에 닿았는지에 따라 입력한 말을 하고 원래 위치로 이동하는지 확인해 보세요.

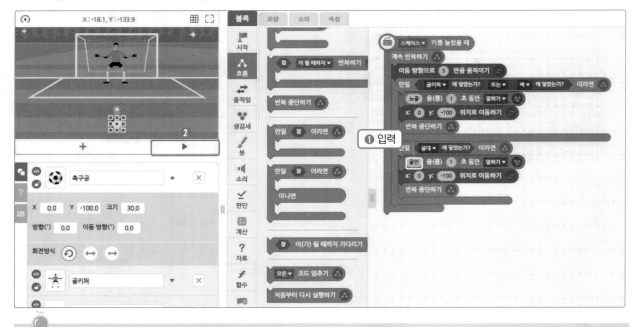

축구공이 골대에 닿으면 "골인"을 말하고 축구공이 원래 있던 위치로 이동한 후 반복을 중단합니다.

01 스페이스 키를 누르면 골대 임의의 방향으로 골키퍼가 이동하고 공의 이동 방향을 방향키로 변경하여 승부차기를 할 수 있도록 '승부차기.ent'를 열어 다음 코드를 추가해 보세요.

실습파일 : 승부차기.ent   완성파일 : 승부차기(완성).ent

'축구공' 오브젝트

'골키퍼' 오브젝트

• 승부차기 게임에 문제점이 있습니다. 어떤 부분을 보완하면 좋을까요?

[   ]

02 승부차기를 진행하고 결과가 노골이거나 골인일 때 축구공의 이동 방향과 골키퍼의 위치가 원래대로 돌아오지 않습니다. 이것을 해결하기 위해 '시작' 신호를 만들어 다음과 같이 코드를 추가해 게임을 진행해 보세요.

'축구공' 오브젝트

'골키퍼' 오브젝트

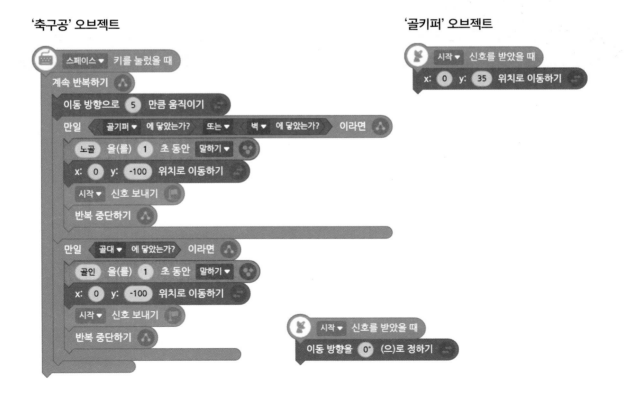

아인슈타인보다 똑똑한 천재 물리학자 되기

과학과 수학을 좋아하는 지윤이는 아인슈타인 같은 천재 물리학자가 되고 싶어요. 지금은 아직 어려서 간단한 계산만 할 수 있지만 꾸준히 연습하고 공부하면 노벨상을 받을지도 몰라요. 지윤이가 꾸준히 수학을 연습할 수 있는 프로그램을 여러분이 만들어 주세요.

- 변수를 만들어 값을 넣을 수 있습니다.
- 질문을 묻고 대답한 값을 활용할 수 있습니다.
- 값을 비교해 다른 말을 하도록 만들 수 있습니다.

실습파일 : 천재되기.ent   완성파일 : 천재되기(완성).ent

MISSION

변수를 만들어 임의의 숫자를 기억하고 두 숫자를 더한 값과 입력한 값에 따라 다른 말을 하도록 코드를 완성해 보세요.

[시작하기]를 클릭하면 임의의 두 수를 각각 변수에 기억시킨 후 질문을 하고 대답 기다리기

대답을 입력하면 기억된 변수 값과 비교해서 결과 말하기

✅ 사용할 주요 블록

A ▾ 를 10 로 정하기	선택한 변수의 값을 입력한 값으로 정합니다.
A ▾ 값	선택한 변수에 저장된 값입니다.
안녕! 을(를) 묻고 대답 기다리기	입력한 문자를 말풍선으로 묻고, 대답을 입력받을 대답 창이 표시됩니다.
대답	사용자가 대답 창에 입력한 값입니다.
만일 참 이라면 / 아니면	만일 판단이 참이면 첫 번째 감싸고 있는 블록들을 실행하고, 거짓이면 두 번째 감싸고 있는 블록들을 실행합니다.

숫자를 담을 변수 만들기

❶ [실습파일]–[17차시]에 있는 '천재되기.ent'를 불러온 후 변수를 만들기 위해 [속성] 탭–[변수]–[변수 추가하기]를 클릭합니다.

❷ 변수 이름에 "A"를 입력하고 [확인] 버튼을 클릭해 'A' 변수를 만듭니다.

❸ 같은 방법으로 [변수 추가하기]를 클릭해 'B'와 'C' 변수를 추가한 후 'C' 변수의 눈 아이콘(◉)을 클릭해 장면에서 감춥니다.

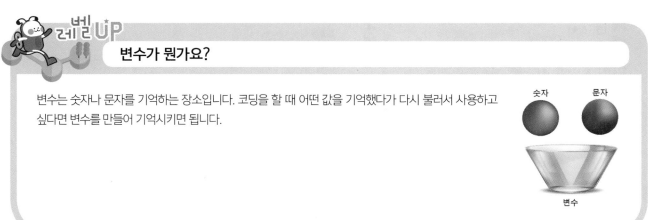

레벨 UP

변수가 뭔가요?

변수는 숫자나 문자를 기억하는 장소입니다. 코딩을 할 때 어떤 값을 기억했다가 다시 불러서 사용하고 싶다면 변수를 만들어 기억시키면 됩니다.

숫자　　　문자

변수

2 입력한 값과 계산된 결과 값 비교하기

❶ 계속 반복해서 계산 문제를 내기 위해 '선생님' 오브젝트를 선택하고 의 ▶ 시작하기 버튼을 클릭했을 때 를 드래그하여 추가한 후 ∧ 흐름 의 계속 반복하기 ∧ 를 아래에 연결합니다.

❷ ? 자료 의 C▼ 를 10 (으)로 정하기 ? 를 반복 블록 안에 연결하고 변수 이름 중 'A'를 선택합니다.

❸ ⊞ 계산 의 0 부터 10 사이의 무작위 수 를 값 입력란에 끼워 넣은 후 '1'부터 '99' 사이의 수로 변경합니다.

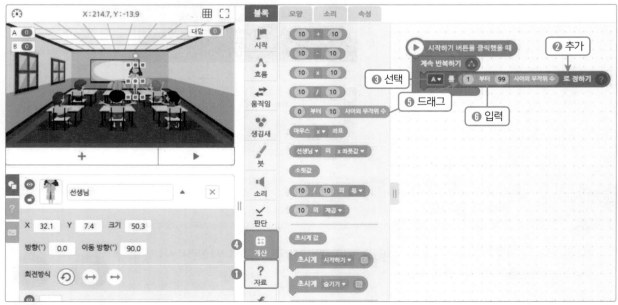

1부터 99 사이의 임의의 값을 'A'라는 변수에 기억시킵니다.

④ A▼ 를 1 부터 99 사이의 무작위 수 (으)로 정하기 블록 위에서 마우스 오른쪽 버튼을 클릭하고 [코드 복사 & 붙여넣기]를 선택하여 바로 아래에 연결한 후 변수를 'B'로 변경합니다.

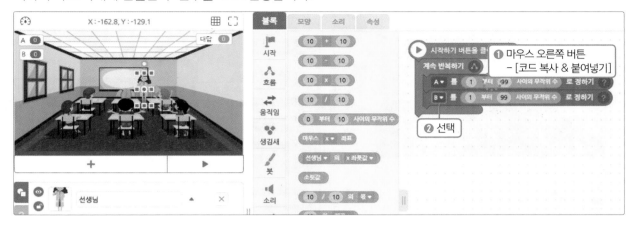

⑤ ? 의 C▼ 를 10 (으)로 정하기 를 아래에 연결하고 변수를 'C'로 변경합니다.

⑥ 'A'와 'B' 변수의 값을 더해 'C'에 저장하기 위해 ⊞ 의 10 + 10 을 값 입력란에 끼워 넣은 후 ? 의 C▼ 값 을 덧셈 연산 블록의 왼쪽과 오른쪽에 끼워 넣고 왼쪽은 'A'로, 오른쪽은 'B'로 변경합니다.

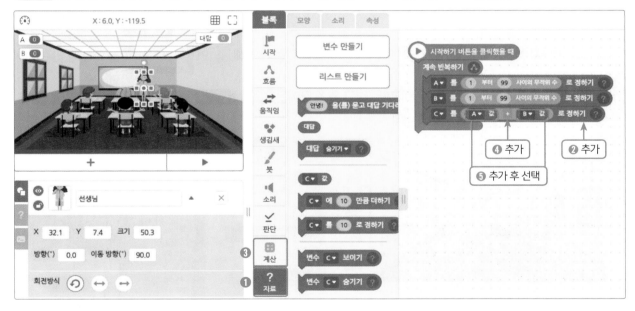

연산 블록 살펴보기

A와 B 변수에 임의의 값을 저장한 후 A+B의 결과 값을 C 변수에 저장합니다.

'A' 변수 + 'B' 변수 = 'C' 변수

❼ 대답을 입력받기 위해 `?`자료 의 `안녕! 을(를) 묻고 대답 기다리기 ?` 를 아래에 연결하고 "더한 값을 입력하세요"로 변경한 후 `△`호름 의 `2 초 기다리기 △` 를 아래에 연결합니다.

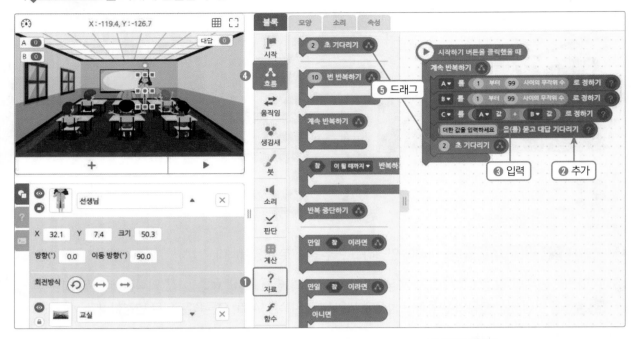

❽ 대답이 맞는지 아닌지에 따라 선생님이 다른 말을 하도록 만들기 위해 `△`호름 의 `만일 참 (이)라면 △ / 아니면` 을 아래에 연결합니다.

❾ `✓`판단 의 `10 = 10` 을 조건 입력란에 끼워 넣고 왼쪽 값에는 `?`자료 의 `C▾ 값` 을, 오른쪽 값에는 `?`자료 의 `대답` 을 끼워 넣은 후 왼쪽의 변수를 'C'로 변경합니다.

레벨 UP 참과 거짓에 따라 다른 블록 실행하기

C 변수에 저장되어 있는 값과 입력한 값이 같다면 첫 번째 감싸고 있는 블록을, 값이 다르다면 두 번째 감싸고 있는 블록을 실행합니다.

'C' 변수   입력한 값

⑩ 의 안녕! 을(를) 4 초 동안 말하기 를 조건 블록 안에 각각 연결하고 참일 때 실행할 블록에는 "정답"을, 거짓일 때 실행할 블록에는 "틀렸어요"를 입력한 후 초를 각각 '2'로 변경한 다음 의 2 초 기다리기 를 조건 블록 밖에 연결합니다.

⑪ 시작하기 버튼을 클릭하면 '선생님'이 말을 하고 대답 창이 나타납니다. A와 B 변수의 값이 표시되면 더한 값을 입력하고 버튼을 클릭하면 답의 결과에 따라 선생님이 다른 말을 합니다.

01 키보드 오른쪽 방향키를 누를 때마다 걷는 모습을 만들고 '걸음수' 변수에 1씩 더한 후 10,000에서 '걸음수' 변수의 값을 뺀 숫자를 말하도록 코드를 완성해 보세요.

실습파일 : 만보걷기.ent　　완성파일 : 만보걷기(완성).ent

❶ [속성] 탭에서 '걸음수' 변수 만들기 ➔ ❷ 오른쪽 화살표 키를 누르면 '걷기1' 오브젝트가 ➔ ❸ 화면 끝에 닿으면 튕기기 ➔ ❹ 이동 방향으로 10만큼 움직이고 ➔ ❺ 다음 모양으로 바꾸기 ➔ ❻ '걸음수' 변수에 1만큼 더하고 ➔ ❼ 10,000에서 ➔ ❽ '걸음수' 변수 값을 뺀 값을 ➔ ❾ 말하기

변수에 1씩 더해지는 걸음수 값이 표시되고 10,000에서 뺀 값을 말하기

오브젝트가 벽에 닿으면 튕기기

02 이름을 입력하면 로봇이 입력한 이름을 말하도록 코드를 완성해 보세요.

실습파일 : 말하는 로봇.ent　　완성파일 : 말하는 로봇(완성).ent

❶ 시작하기 버튼을 클릭하면 ➔ ❷ "이름을 입력하세요"를 묻고 대답을 기다리기 ➔ ❸ 1초 기다리고 ➔ ❹ 대답을 ➔ ❺ 2초 동안 말하기

"이름을 입력하세요"라고 묻고 대답을 기다리기

이름을 입력하면 로봇이 이름을 말하기

레시피대로 요리하는 요리사 되기

요리사가 꿈인 희영이는 유명한 요리사에게 맛있는 햄버거를 만드는 방법을 배웠어요. 그런데 집에 와서 혼자 해 보려고 하니 순서가 기억나지 않네요. 여러분이 맛있는 햄버거를 만드는 순서를 알려주세요.

학습목표
▷ 요리를 만들 수 있는 재료를 순서대로 선택하는 게임을 만들 수 있습니다.
▷ 변수를 이용해 맞았는지 틀렸는지 확인할 수 있습니다.

실습파일 : 요리사되기.ent   완성파일 : 요리사되기(완성).ent

MISSION

오브젝트를 클릭했을 때 각 재료의 순서가 맞으면 햄버거 위치로 이동하고, 아니면 다시 제자리로 돌아오도록 만듭니다. 재료의 순서는 변수의 값에 1을 더해 변수의 값과 순서가 맞는지 비교해서 판단해 보세요. 햄버거를 만드는 순서는 '양상추' – '패티' – '치즈' – '양파' – '토마토' – '빵' 순입니다.

재료를 클릭했을 때 순서가 맞으면 빵 위에 쌓이고 변수에 1을 더하기

순서가 맞지 않으면 원래 위치로 이동하기

✅ 사용할 주요 블록

순서 ▼ 에 10 만큼 더하기 ?	선택한 변수에 지정한 값을 더합니다.
2 초 동안 x: 10 y: 10 위치로 이동하기	입력한 시간 동안 오브젝트가 지정한 x와 y 좌표로 이동합니다.
반복 중단하기 ⌂	이 블록을 감싸는 가장 가까운 반복 블록의 반복을 중단합니다.

변수 만들고 햄버거 재료 이동시키기

❶ [실습파일]−[18차시]에 있는 '요리사되기.ent'를 불러온 후 [속성] 탭−[변수]−[변수 추가하기]를 클릭합니다.

❷ 변수 이름을 "순서"로 입력하고 [확인] 버튼을 클릭한 후 변수 속성의 기본값을 '1'로 지정합니다.

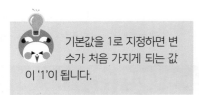

기본값을 1로 지정하면 변수가 처음 가지게 되는 값이 '1'이 됩니다.

❸ 햄버거의 재료들을 클릭했을 때 순서가 맞으면 햄버거 빵 위에 놓이게 되고 순서가 틀리면 다시 원래 자리로 돌아오도록 만들어 보겠습니다. 먼저 '양상추' 오브젝트를 선택하고 의 을 드래그하여 추가한 후 의 을 연결합니다.

햄버거를 만드는 재료의 순서는 아래쪽부터 '양상추' − '패티' − '치즈' − '양파' − '토마토' − '빵' 순입니다.

❹ 첫 번째 재료가 선택되었을 때 값이 맞는지 확인하기 위해 조건 입력란에서 '순서' 변수 값이 '1'인지 판단해야 합니다. ☑️의 ⟨ 10 = 10 ⟩을 조건 입력란에 끼워 넣고 왼쪽에는 [?]의 순서▼ 값 을, 오른쪽에는 '1'을 입력합니다.

❺ 첫 번째 재료가 맞다면 아래쪽 빵 위에 위치하도록 만들고 다음 재료의 순서를 비교하기 위해 '순서' 변수에 '1'을 더하도록 만듭니다. ↔️의 빵1▼ 위치로 이동하기 를 참 조건란에 연결하고 아래쪽 빵인 '빵2'를 선택한 후 [?]의 순서▼ 에 10 만큼 더하기 를 아래에 연결하고 값을 '1'로 변경합니다.

햄버거의 재료를 순서대로 찾아야 하므로 첫 번째 재료일 때는 순서 변수값이 '1'이 되어야 하고 두 번째 재료를 찾을 때는 순서 변수값이 '2'가 되어야 합니다. 만일 첫 번째 재료를 맞게 선택했다면 두 번째 재료가 맞는지 비교하기 위해 '순서' 변수값에 1씩 더해 순서에 맞는 재료인지 판단하도록 만듭니다.

❻ 첫 번째 순서가 아니라면 햄버거 아래쪽 빵으로 이동했다가 다시 원래 위치로 돌아오도록 만들기 위해 [움직임]의
[빵1▾ 위치로 이동하기]를 거짓 조건란에 연결하고 '빵2'를 선택합니다.

❼ [흐름]의 [2 초 기다리기]를 아래에 연결하고 초를 '1'로 변경한 후 [움직임]의 [2 초 동안 x: 10 y: 10 위치로 이동하기]를 연결하고
초를 '1'로, x와 y 좌표를 원래 위치인 '-160'과 '-70'으로 변경합니다.

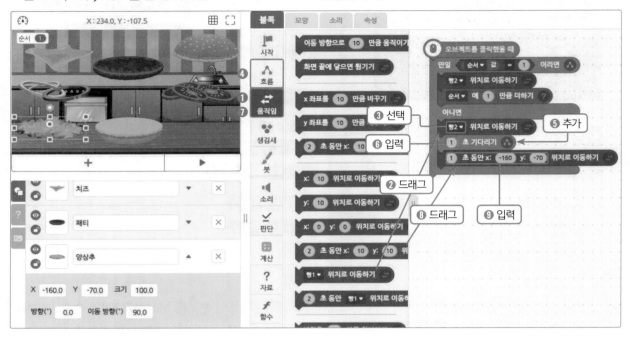

② 다른 오브젝트에 코드 복사하고 순서 비교하기

❶ [오브젝트를 클릭했을 때]를 마우스 오른쪽 버튼으로 클릭하고 [코드 복사]를 선택한 후 두 번째 재료인 '패티' 오브젝트를
선택합니다.

❷ 마우스 오른쪽 버튼을 클릭하여 [붙여넣기]를 선택하고 조건 입력란의 오른쪽 값을 '2'로, 원래 위치 좌표를 x는 '4',
y는 '52'로 변경합니다.

❸ 세 번째 재료인 '치즈' 오브젝트를 선택하고 마우스 오른쪽 버튼을 클릭하여 [붙여넣기]를 선택한 후 조건 입력란의 오른쪽 값을 '3'으로, 원래 위치 좌표를 x는 '-140', y는 '75'로 변경합니다.

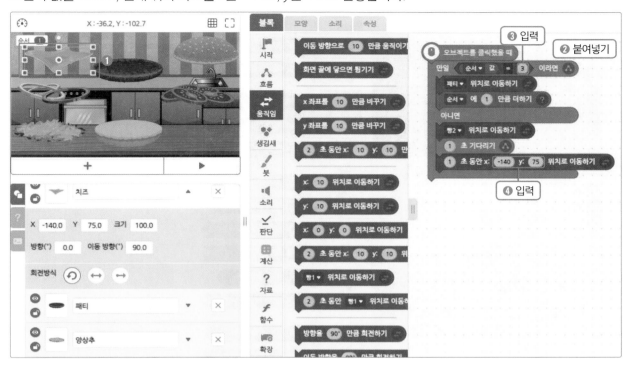

❹ 네 번째 재료인 '양파' 오브젝트를 선택하고 마우스 오른쪽 버튼을 클릭하여 [붙여넣기]를 선택한 후 조건 입력란의 오른쪽 값을 '4'로, 원래 위치 좌표를 x는 '-150', y는 '-5'로 변경합니다.

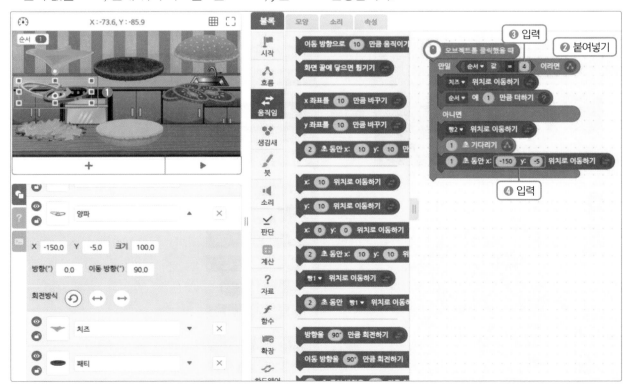

❺ 다섯 번째 재료인 '토마토' 오브젝트를 선택하고 마우스 오른쪽 버튼을 클릭하여 [붙여넣기]를 선택한 후 조건 입력
란의 오른쪽 값을 '5'로, 원래 위치 좌표를 x는 '150', y는 '−10'으로 변경합니다.

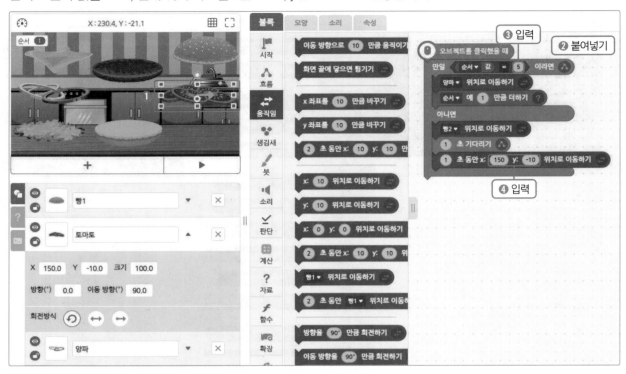

❻ 여섯 번째 재료인 '빵1' 오브젝트를 선택하고 마우스 오른쪽 버튼을 클릭하여 [붙여넣기]를 선택한 후 조건 입력란
의 오른쪽 값을 '6'으로, 원래 위치 좌표를 x는 '170', y는 '70'으로 변경합니다.

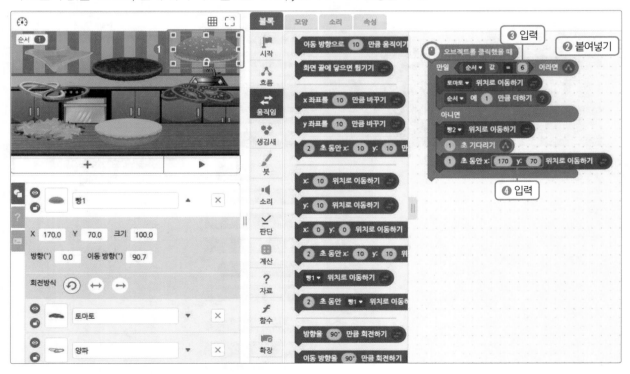

01 퀴즈쇼에 나간 학생들이 아나운서가 낸 문제를 듣고 답을 입력해 답이 맞으면 '점수' 변수에 1을 더하고 틀리면 아나운서가 "틀렸습니다"를 말하도록 코드를 완성해 보세요.

실습파일 : 퀴즈쇼.ent   완성파일 : 퀴즈쇼(완성).ent

❶ 시작하기 버튼을 클릭하면 '아나운서' 오브젝트가 ➜ ❷ "세종대왕은 어느 시대의 왕일까요"를 묻고 대답 기다리기 ➜ ❸ 만일 ➜ ❹ 대답이 '조선'이면 ➜ ❺ '점수' 변수에 1만큼 더하고 ➜ ❸ 아니면 ➜ ❻ "틀렸습니다"를 1초 동안 말하기

아나운서가 문제를 묻고 대답 기다리기

답을 입력하고 맞으면 '점수' 변수에 1을 더하기

02 머리를 마우스로 클릭하면 마우스 포인터를 따라다니고 머리에 어울리는 몸에 닿으면 해당 위치로 이동시킨 후 "정답"을 말하도록 코드를 완성해 보세요.

실습파일 : 할로윈준비.ent   완성파일 : 할로윈준비(완성).ent

❶ '머리1' 오브젝트를 클릭하면 ➜ ❷ ❸~❾를 계속 반복하기 ➜ ❸ 마우스 포인터 위치로 이동하기 ➜ ❹ 만일 ➜ ❺ '몸통3'에 닿으면 ➜ ❻ x와 y 좌표를 마우스 포인터가 있는 위치로 ➜ ❼ 이동시키고 ➜ ❽ "정답"을 1초 동안 말한 후 ➜ ❾ 반복을 중단하기 ➜ ❿ 블록을 각각 복사하고 '머리2'는 '몸통2'와, '머리3'은 '몸통1'과 닿았을 때 위치 이동과 말하기 명령을 실행하도록 코드 수정

머리를 마우스로 클릭하면 마우스 포인터를 따라다니기

머리에 어울리는 몸에 닿으면 마우스 포인터가 위치한 곳으로 이동하고 "정답"을 말한 후 반복을 중단하기

19 어려운 사람을 도와주는 변호사 되기

서우는 법원에서 하는 모의 법정을 체험 학습으로 다녀왔어요. 변호사가 범죄에 대해 변호하고
판사는 변호사의 말을 판단해 결정을 내리는 자리였어요. 멋진 모습의 변호사를 보고 서우는 꼭
변호사가 되고 싶어졌답니다. 변호사 모의시험을 만들어 서우의 꿈을 키워 주세요.

▹ 리스트를 만들 수 있습니다.
▹ 묻고 답하기로 리스트의 정답과 비교할 수 있습니다.
▹ 정답이 맞는지 판단해 말을 할 수 있습니다.

실습파일 : 변호사되기.ent　　**완성파일** : 변호사되기(완성).ent

MISSION

문제와 정답 리스트를 만들고 각 문제별로 대답을 입력받아 정답과 비교해 맞았는지 틀렸는지 말을 하는 코드를 완성해 보
세요.

✅ 사용할 주요 블록

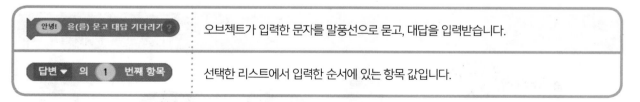

안녕! 을(를) 묻고 대답 기다리기	오브젝트가 입력한 문자를 말풍선으로 묻고, 대답을 입력받습니다.
답변 ▼ 의 1 번째 항목	선택한 리스트에서 입력한 순서에 있는 항목 값입니다.

문제와 정답 리스트 만들기

❶ [실습파일]-[19차시]에 있는 '변호사되기.ent'를 불러온 후 '문제' 리스트를 만들기 위해 [속성] 탭-[리스트]-[리스트 추가하기]를 클릭하고 리스트 이름을 "문제"로 입력한 후 [확인] 버튼을 클릭합니다.

❷ '정답' 리스트를 만들기 위해 [리스트 추가하기] 버튼을 클릭한 후 리스트 이름에 "정답"을 입력한 후 [확인] 버튼을 클릭합니다.

리스트가 뭔가요?

변수는 한 개의 값만 저장할 수 있지만 리스트는 지정한 개수만큼 값을 저장할 수 있습니다. 또 선택한 리스트 항목에 값을 저장하거나 삭제할 수 있습니다.

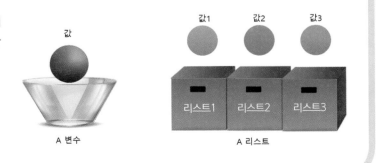

③ '문제' 리스트를 선택하고 눈 모양 아이콘( )을 클릭하여 장면에서 리스트를 감춘 후 리스트 항목 수를 '2'로 지정하고 자료를 입력합니다.

1	학원을 안 가고 PC방에 가면 범죄입니까?
2	빨간불에 횡단보도를 건너면 불법입니까?

④ '정답' 리스트를 선택하고 눈 모양 아이콘( )을 클릭하여 장면에서 리스트를 감춘 후 리스트 항목 수를 '2'로 지정하고 자료를 입력합니다.

1	X
2	O

 영문 대문자로 "X"와 "O"를 입력합니다.

② 문제 내고 대답 확인하기

❶ 리스트의 문제를 판사가 말하게 하기 위해 [블록] 탭을 클릭하고 '판사' 오브젝트를 선택한 후 시작 의 ▶ 시작하기 버튼을 클릭했을 때 를 드래그하여 추가합니다.

❷ 생김새 의 안녕! 을(를) 4 초 동안 말하기▼ 를 아래에 연결하고 말 입력란에는 자료 의 정답▼ 의 1 번째 항목 을 끼워 넣은 후 리스트는 '문제'를 선택하고 초는 '3'으로 변경합니다.

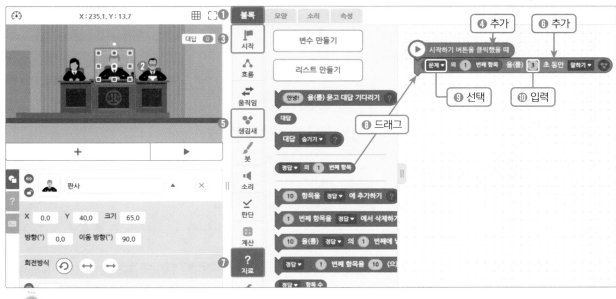

시작하기 버튼을 클릭하면 '판사' 오브젝트가 '문제' 리스트의 1번째 항목을 3초 동안 말합니다.

❸ 대답을 입력하도록 하기 위해 자료 의 안녕! 을(를) 묻고 대답 기다리기 를 연결한 후 "답을 O, X로 말하시오"를 입력합니다.

❹ 입력한 대답과 '정답' 리스트의 값이 같은지 비교하기 위해 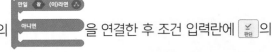 의 조건 입력란에 의 <10 = 10> 을 끼워 넣습니다.

❺ 조건의 왼쪽에는 의 대답 을, 오른쪽에는 의 정답▼ 의 1 번째 항목 을 끼워 넣은 후 '정답' 리스트의 '1'번째 항목으로 변경합니다.

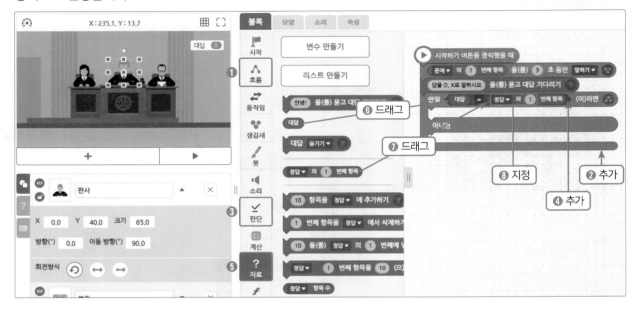

❻ '참'과 '거짓'일 때 답이 맞았는지 틀렸는지 말해 주기 위해 의 안녕! 을(를) 4 초 동안 말하기▼ 를 각각 연결하고 '참'일 때는 "맞습니다."를 '1'초 동안 말하고, '거짓'일 때는 "틀렸습니다."를 '1'초 동안 말하도록 변경합니다.

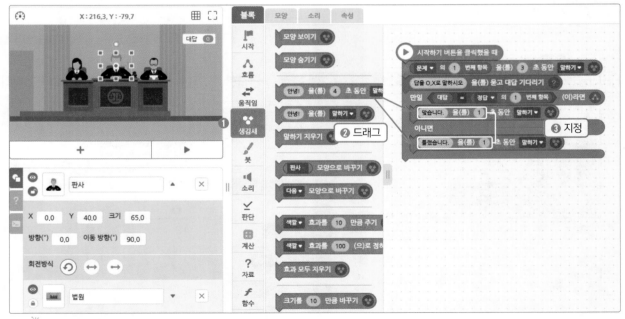

 입력한 답과 '답변' 리스트의 1번째 항목에 입력된 값이 같은지 비교해서 같으면 "맞습니다."를, 틀리면 "틀렸습니다."를 말하게 합니다.

⓻ 코드를 복사하기 위해 두 번째 블록을 마우스 오른쪽 버튼으로 클릭한 후 [코드 복사 & 붙여넣기]를 선택합니다.

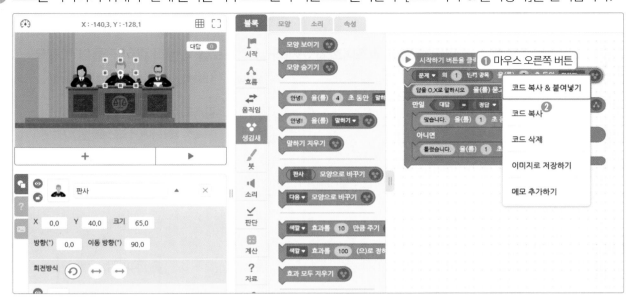

⓼ 복사된 코드를 아래에 연결하고 '문제' 리스트의 '2'번째 항목을 말하고 대답을 '정답' 리스트의 '2'번째 항목과 비교하도록 변경합니다.

01 '퀴즈대회.ent' 파일을 열어 퀴즈대회의 문제와 답 리스트를 다음과 같이 만들어 보세요.

실습파일 : 퀴즈대회.ent   **완성파일** : 퀴즈대회(완성).ent

리스트 이름 : 문제

• 속성 : 장면에서 리스트 감추기

1	감이 싸우다가 죽었다를 3글자로 하면?
2	깨인데 먹지 못하는 깨는?
3	학생들이 싫어하는 피자는?

리스트 이름 : 답

• 속성 : 장면에서 리스트 감추기

1	감전사
2	주근깨
3	책피자

02 '아나운서' 오브젝트가 '문제' 리스트에 있는 내용을 말하고 대답을 입력받아 '답' 리스트와 비교해 맞으면 "정답", 틀리면 "틀렸습니다."를 1초 동안 말하도록 코드를 완성해 보세요.

① '문제' 리스트 1번째 항목에 입력된 내용을 '아나운서' 오브젝트가 3초 동안 말하기

② "정답은?"을 묻고 대답 기다리기

③ 만일 대답과 '답' 리스트의 1번째 항목이 같으면 "정답"을, 다르면 "틀렸습니다."를 1초 동안 말하기

④ 같은 방법으로 2번째와 3번째 리스트 항목의 문제를 말하고 입력한 대답과 '답' 리스트를 비교해 결과 말하기

100미터 달리기 올림픽 선수 되기

달리기를 잘하는 현우는 올림픽에 나가서 아시아 선수 최초로 100미터 달리기 종목에서 금메달을 따고 싶어요. 여러분이 100미터 달리기를 잘할 수 있도록 연습할 때마다 몇 초에 완주했는지 시간을 알려주세요.

학습목표
▸ 배경 오브젝트가 움직이는 것처럼 만들 수 있습니다.
▸ 초시계를 활용하는 방법을 알아봅니다.
▸ 벽에 닿으면 초시계를 멈추는 방법을 알아봅니다.

실습파일 : 100미터 달리기.ent   완성파일 : 100미터 달리기(완성).ent

MISSION

시작하기 버튼을 누르면 배경 그림이 계속 움직이고, 스페이스 키를 누르면 초시계가 시작되고 달리기 선수가 앞으로 이동하면서 모양이 변경되는 코드를 완성해 보세요.

스페이스 키를 누르면 초시계가 시작하고 앞으로 이동하면서 모양 변경

초시계 3.4

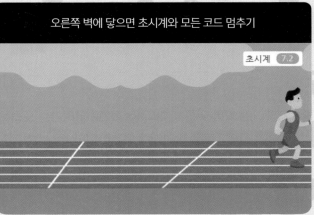

오른쪽 벽에 닿으면 초시계와 모든 코드 멈추기

초시계 7.2

☑ 사용할 주요 블록

초시계 시작하기 ▾	초시계를 시작하거나 멈출 수 있습니다.
모든 ▾ 코드 멈추기	작품의 모든 블록의 실행을 멈춥니다.
자신 ▾ 의 x좌푯값 ▾	선택한 오브젝트의 각종 정보 값을 알려줍니다.

1 초시계 시작하고 달리기

❶ [실습파일]-[20차시]에 있는 '100미터 달리기.ent'를 불러와 '달리기1' 오브젝트를 선택한 후 [시작]의 [q▼ 키를 눌렀을 때]를 드래그하여 추가하고 키를 '스페이스'로 변경합니다.

❷ 스페이스 키를 누르면 초시계가 시작되도록 만들기 위해 [계산]의 [초시계 시작하기▼]를 연결하고 '시작하기'를 선택합니다.

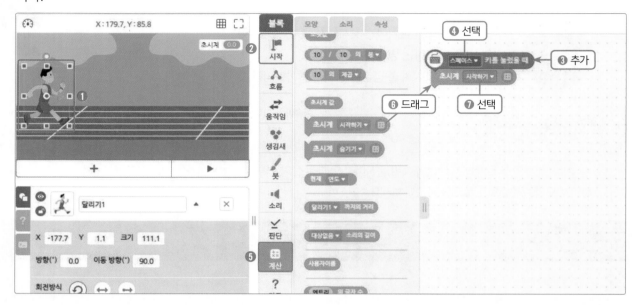

❸ 스페이스 키를 누를 때마다 앞쪽으로 달려가는 모습을 만들기 위해 [움직임]의 [x좌표를 10 만큼 바꾸기]를 연결한 후 [생김새]의 [다음▼ 모양으로 바꾸기]를 아래에 연결합니다.

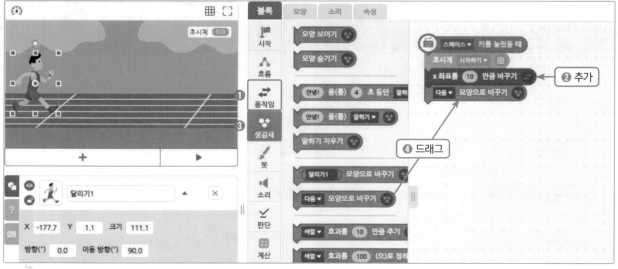

 '달리기1' 오브젝트를 선택하고 [모양] 탭을 클릭하면 달리는 모양이 추가되어 있는 것을 확인할 수 있습니다.

❹ 오른쪽으로 달려가다 벽에 닿으면 코드를 실행하기 위해 ▲의 [만일 참 (이)라면 ▲] 을 연결하고 ☑의 [마우스포인터▼ 에 닿았는가?]를 조건 입력란에 끼워 넣은 후 조건을 '오른쪽 벽'으로 변경합니다.

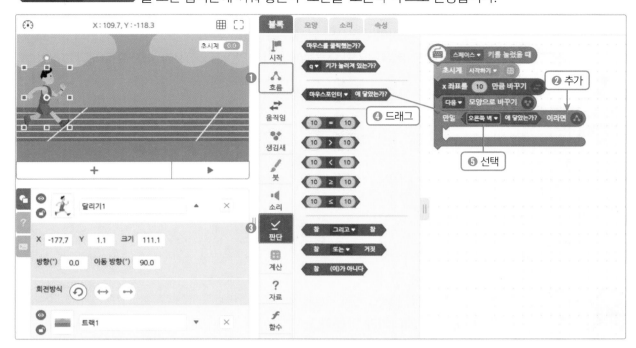

❺ 오른쪽 벽에 닿으면 초시계를 멈추고 실행되는 모든 코드를 멈추도록 하기 위해 ▦의 [초시계 시작하기▼ ▦]를 조건문 안에 연결하고 '정지하기'를 선택한 후 ▲의 [모든▼ 코드 멈추기 ▲]를 연결하고 '모든'으로 변경합니다.

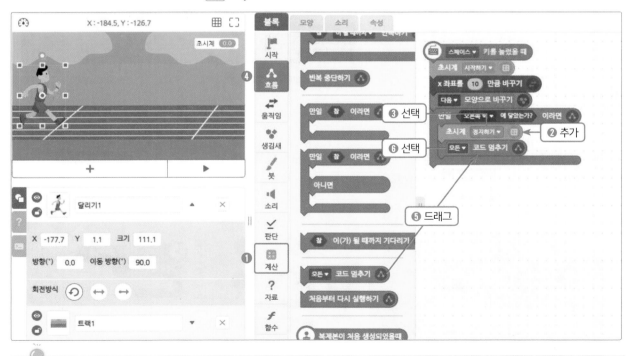

모든 코드를 멈추면 다른 오브젝트에서 실행되고 있는 모든 코드들도 멈추게 됩니다.

② 끊기지 않고 달려가는 장면 만들기

❶ '트랙'과 '트랙1' 오브젝트를 각각 클릭하여 x 좌표의 위치를 확인합니다. '트랙' 오브젝트는 장면의 중앙에 위치해 있어 x 좌표가 '0'이고, '트랙1' 오브젝트는 장면의 오른쪽에 숨겨져 있어서 x 좌표가 '480'으로 지정되어 있습니다.

끊기지 않고 배경 지나가게 만들기

x 좌표는 '−240'부터 '240' 사이이므로 오브젝트의 중심점의 x 좌표가 0이면 장면의 가운데 위치하게 됩니다. 장면에 보이는 오브젝트 오른쪽에 같은 그림이 연결되어 왼쪽으로 이동을 같이 하면 배경이 끊기지 않고 지나가는 것처럼 보이게 됩니다.

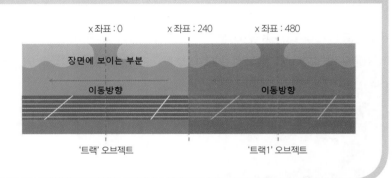

❷ 배경 오브젝트들이 지나가는 모양을 만들기 위해 '트랙' 오브젝트를 선택하고 [시작]의 ⦿ 시작하기 버튼을 클릭했을 때 를 드래그하여 추가한 후 [흐름]의 계속 반복하기 ⦿ 를 연결합니다.

❸ '트랙' 오브젝트를 왼쪽으로 이동시키기 위해 [움직임]의 `x 좌표를 10 만큼 바꾸기`를 반복 블록 안에 연결한 후 값을 '-5'로 변경합니다.

❹ 이동을 천천히 하도록 만들기 위해 [흐름]의 `2 초 기다리기`를 아래에 연결하고 초를 '0.01'로 변경합니다.

> 기다리기 블록의 초 시간을 길게 할수록 천천히 움직이게 됩니다.

❺ '트랙' 오브젝트가 장면 왼쪽으로 모두 사라지면 다시 장면의 오른쪽 끝으로 이동하도록 만들기 위해 [흐름]의 `만일 참 (이)라면`을 연결하고 [판단]의 `10 = 10`을 조건 입력란에 끼워 넣습니다.

❻ 조건 왼쪽에는 [계산]의 `달리기1 의 x 좌푯값`을 끼워 넣고 '자신'의 'x 좌푯값'으로 변경한 후 조건 오른쪽에는 '-480'으로 변경합니다.

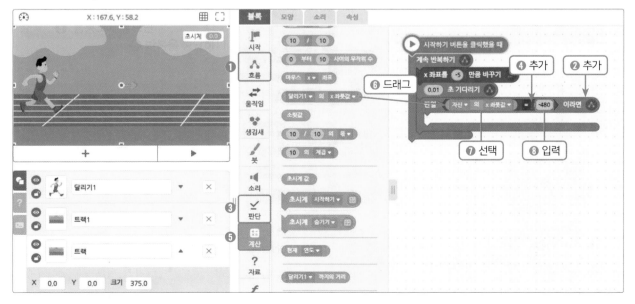

⑦ 조건에 맞으면 오른쪽으로 이동시키기 위해 [움직임]의 ⟨x: 10 위치로 이동하기⟩를 조건 블록 안에 연결하고 '480'으로 변경합니다.

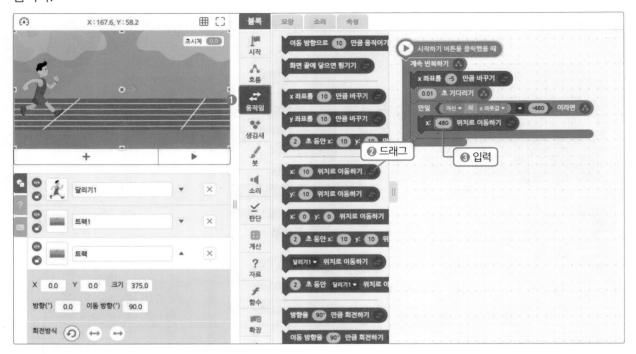

⑧ 코드를 복사하기 위해 ⟨▶ 시작하기 버튼을 클릭했을 때⟩ 블록을 마우스 오른쪽 버튼으로 클릭하고 [코드 복사]를 선택합니다. '트랙1' 오브젝트를 선택하고 마우스 오른쪽 버튼을 클릭한 후 [붙여넣기]를 선택해 코드를 복사합니다.

 '트랙1' 오브젝트는 장면의 오른쪽에 위치해 있다가 왼쪽으로 이동하면서 조건에서 지정한 좌표까지 이동되면 다시 원래 위치(x 좌푯값 : 480)로 이동됩니다.

01 [시작하기] 버튼을 클릭하고 3초가 지난 후 '우주왕복선'이 2초 동안 위쪽으로 이동하는 코드를 완성해 보세요.

실습파일 : 우주선 이륙.ent   완성파일 : 우주선 이륙(완성).ent

❶ 시작하기 버튼을 클릭하면 ➤ ❷ 초시계를 시작하고 ➤ ❸ 초시계 값이 3.0보다 클 ➤ ❹ 때까지 기다리기 ➤ ❺ 초시계를 정지하고 ➤ ❻ 2초 동안 x는 0, y는 150 위치로 이동하기

시작하기 버튼을 클릭하면 초시계가 3초가 될 때까지 기다리기

초시계가 3초가 되면 우주왕복선을 위로 이동하기

02 키보드의 화살표 키를 누르면 우주선이 10만큼 움직이고 우주 배경은 위에서 아래로 계속 이동하도록 코드를 완성해 보세요.

실습파일 : 우주여행.ent   완성파일 : 우주여행(완성).ent

'우주선' 오브젝트

❶ 위쪽 화살표 키를 누르면 ➤ ❷ y 좌표를 10만큼 바꾸기 ➤ ❸ 아래쪽 화살표 키를 누르면 ➤ ❹ y 좌표를 -10 만큼 바꾸기 ➤ ❺ 오른쪽 화살표 키를 누르면 ➤ ❻ x 좌표를 10만큼 바꾸기 ➤ ❼ 왼쪽 화살표 키를 누르면 ➤ ❽ x 좌표를 -10 만큼 바꾸기

'우주', '우주1' 오브젝트

❶ 시작하기 버튼을 클릭하면 ➤ ❷ ❸~❽을 계속 반복하기 ➤ ❸ y 좌표를 -3만큼 바꾸고 ➤ ❹ 0.01초 기다리기 ➤ ❺ 만일 ➤ ❻ 자신의 y 좌푯값이 ➤ ❼ -270이라면 ➤ ❽ y 좌표를 270으로 이동하기

시작하기 버튼을 클릭하면 우주 배경이 위에서 아래로 이동

키보드의 화살표 키를 누르면 해당 방향으로 우주선 이동

날씨를 알려주는 기상 캐스터 되기

21

혜민이는 TV를 보는 시청자들에게 다양한 정보를 알려주는 뉴스 아나운서나 기상 캐스터가 되고 싶어요. 여러분이 혜민이가 오늘의 날씨와 현재 기온을 알려주는 기상 캐스터 연습을 할 수 있도록 만들어 주세요.

▹ 확장 블록 중 날씨 관련 블록을 사용할 수 있습니다.
▹ 현재 날씨를 알려주는 기상 캐스터를 체험할 수 있습니다.
▹ 미세 먼지의 농도를 확인할 수 있습니다.

실습파일 : 기상캐스터.ent　　**완성파일** : 기상캐스터(완성).ent

MISSION

시작하기 버튼을 클릭하면 현재 날씨에 맞는 그림을 보여주고 현재 기온을 말하도록 코드를 완성해 보세요.

시작하기 버튼을 클릭하면 현재 날씨의 아이콘이 표시

기상캐스터가 현재 기온을 말하기

✅ 사용할 주요 블록

오늘 ▼ 서울 ▼ 전체 ▼ 의 날씨가 맑음 ▼ 인가?	선택한 날짜와 지역의 날씨 정보를 실제 날씨 상태와 비교하여 일치하는 경우 '참'이 됩니다.
현재 서울 ▼ 전체 ▼ 의 미세먼지 등급이 좋음 ▼ 인가?	선택한 지역의 미세먼지 정보를 실제 미세먼지 등급과 비교하여 일치하는 경우 '참'이 됩니다.
현재 서울 ▼ 전체 ▼ 의 기온(℃) ▼	선택한 지역의 현재 기온 정보입니다.
한국어 ▼ 엔트리 을(를) 영어 ▼ 로 번역하기	입력한 문자값을 선택한 언어로 번역합니다.
안녕! 과(와) 엔트리 를 합치기	입력한 두 값을 결합한 값입니다.

날씨 블록 추가하고 날씨 아이콘 표시하기

① [실습파일]-[21차시]에 있는 '기상캐스터.ent'를 열고 '날씨' 블록을 추가하기 위해 [블록] 탭-[확장]-[확장 블록 불러오기]를 클릭합니다.

② [확장 블록 불러오기] 대화상자가 나타나면 '날씨'를 선택하고 [추가하기] 버튼을 클릭합니다.

❸ 오늘 날씨에 따라 날씨에 맞는 그림을 표시하기 위해 '맑음' 오브젝트를 선택하고 [시작]의 시작하기 버튼을 클릭했을 때 를 드래그하여 추가한 후 생김새 의 모양 숨기기 를 연결합니다.

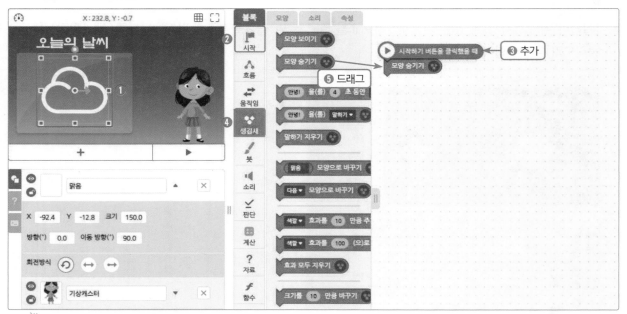

 '맑음' 오브젝트를 선택하고 [모양] 탭을 클릭하면 날씨에 맞는 '구름', '눈', '비', '흐림' 모양이 추가되어 있습니다.

❹ 선택한 날짜(오늘)와 지역(서울 전체)의 날씨가 맑은지 판단하기 위해 [흐름]의 만일 참 (이)라면 을 연결하고 확장 의 오늘 ▼ 서울 ▼ 전체 ▼ 의 날씨가 맑음 ▼ 인가? 를 조건 입력란에 끼워 넣은 후 해당되는 지역을 선택합니다.

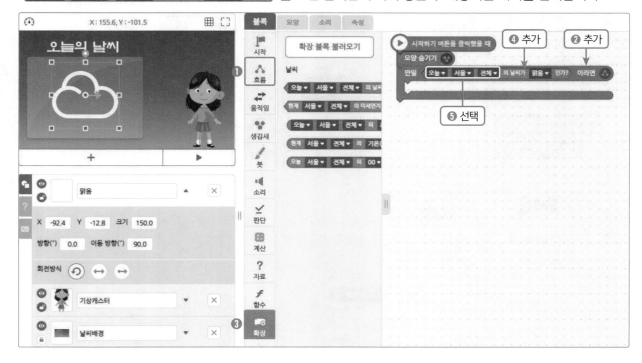

⑤ 생김새 의 〈 맑음 모양으로 바꾸기 ⚙ 〉를 조건 블록 안에 연결하고 '맑음'을 선택한 후 생김새 의 〈 모양 보이기 ⚙ 〉를 아래에 연결합니다.

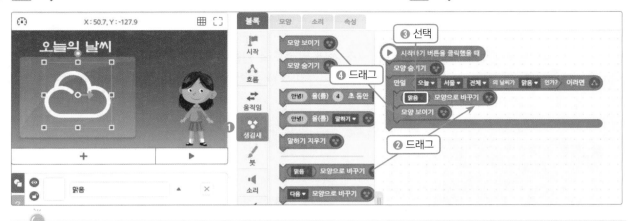

💡 시작하기 버튼을 클릭하면 오브젝트를 숨기고 오늘 날씨가 '맑음'일 경우에는 날씨에 맞는 그림이 보이게 만듭니다.

⑥ 〈 만일 참 (이)라면 〉을 마우스 오른쪽 버튼으로 클릭하여 [코드 복사 & 붙여넣기]를 6번 반복한 후 날씨와 오브젝트의 모양을 각각 변경합니다.

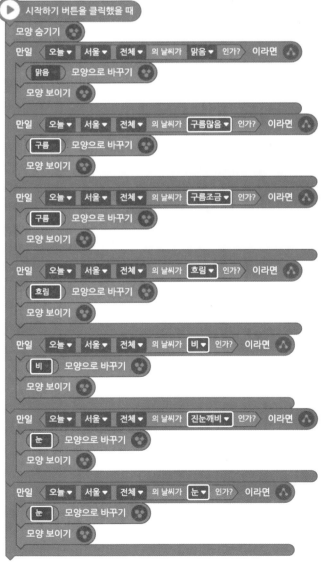

❶ '기상캐스터' 오브젝트가 "현재 기온은"을 2초 동안 말하도록 만들기 위해 '기상캐스터' 오브젝트를 선택하고 [시작]의 ▶ 시작하기 버튼을 클릭했을 때 를 드래그하여 추가한 후 [생김새]의 안녕! 을(를) 4 초 동안 말하기▼ 를 연결하고 말은 "현재 기온은"을, 초는 '2'로 변경합니다.

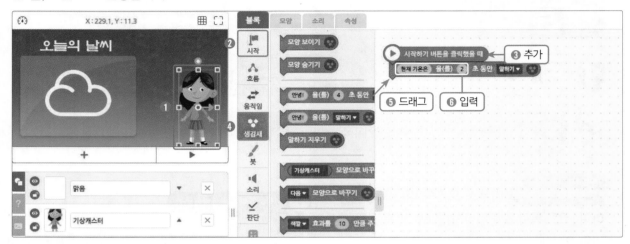

❷ 현재 기온을 2초 동안 말하기 위해 [생김새]의 안녕! 을(를) 4 초 동안 말하기▼ 를 연결하고 말 입력란에 [계산]의 안녕! 과(와) 엔트리 를 합치기 를 끼워 넣은 후 초를 '2'로 변경합니다.

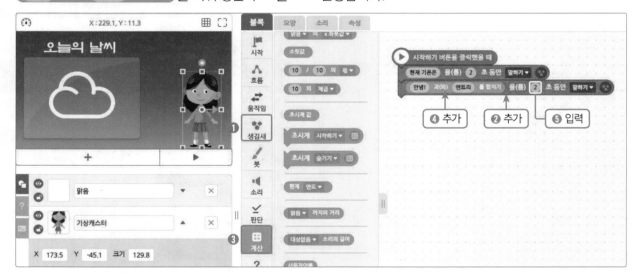

❸ [확장]의 현재 서울▼ 전체▼ 의 기온(℃)▼ 을 첫 번째 말 입력란에 끼워 넣고 지역을 선택한 후 뒤쪽 말 입력란에는 "도 입니다."를 입력합니다.

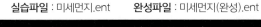

01 미세 먼지 농도에 따라 오브젝트의 모양을 변경해 얼굴 표정이 바뀌도록 코드를 완성해 보세요.

실습파일 : 미세먼지.ent   완성파일 : 미세먼지(완성).ent

02 '번역' 확장 블록을 추가하여 한국어를 입력하면 영어로 번역해 말하도록 코드를 완성해 보세요.

실습파일 : 통역사.ent   완성파일 : 통역사(완성).ent

❶ 시작하기 버튼을 클릭하면 ➜ ❷ "번역할 말을 입력하세요."를 묻고 대답 기다리기 ➜ ❸ 한국어 ➜ ❹ 대답을 ➜ ❸ 영어로 번역해 ➜ ❺ 4초 동안 말하기

게임 개발자 되기

게임과 코딩을 좋아하는 천웅이는 게임 개발자가 되고 싶어요. 게임을 만들려면 다른 게임도 많이 해봐야 하고 재미있는 스토리와 기능을 넣을 수 있어야 해요. 여러분이 우주선을 조종하면서 미사일을 발사하는 연습 게임을 만들어 천웅이의 꿈을 도와주세요.

학습 목표
▸ 오브젝트의 복제본을 만들 수 있습니다.
▸ 오브젝트가 다른 오브젝트를 따라다니도록 만들 수 있습니다.
▸ 복제본이 벽에 닿으면 숨길 수 있습니다.

실습파일 : 우주전쟁.ent   완성파일 : 우주전쟁(완성).ent

MISSION

키보드의 화살표 키를 누르면 해당 방향으로 우주선이 이동합니다. 미사일은 우주선 위치로 계속 이동하면서 스페이스 키를 누를 때마다 복제되어 위쪽으로 이동하다 위쪽 벽에 닿으면 복제된 오브젝트가 삭제되도록 코드를 완성해 보세요.

방향키를 이용해 우주선을 이동

미사일이 우주선을 따라다니다가
스페이스 키를 누르면 복제되어 위쪽으로 이동

☑ 사용할 주요 블록

🧑 복제본이 처음 생성되었을때	해당 오브젝트의 복제본이 새로 생성되었을 때 연결된 블록들을 실행합니다.
자신 ▾ 의 복제본 만들기	선택한 오브젝트의 복제본을 만듭니다.
이 복제본 삭제하기	실행되고 있는 복제본을 삭제합니다.

1 화살표 키로 이동하고 미사일 복제본 만들기

❶ [실습파일]-[22차시]에 있는 '우주전쟁.ent'를 열고 '우주선' 오브젝트를 선택합니다. 스페이스 키를 누르면 '미사일' 오브젝트의 복제본을 만들기 위해 시작 의 q▼ 키를 눌렀을 때 를 드래그하여 추가한 후 '스페이스' 키로 변경합니다.

❷ 흐름 의 자신▼ 의 복제본 만들기 를 연결하고 복제본을 만들 오브젝트인 '미사일'을 선택합니다.

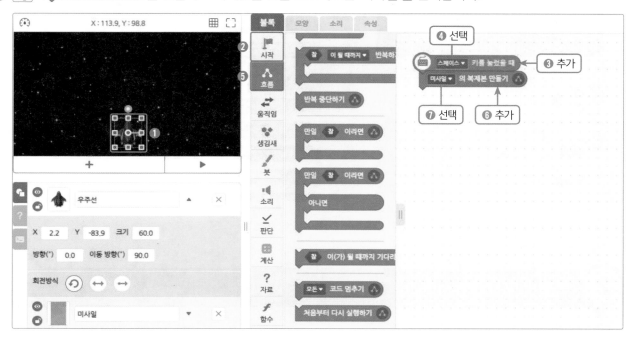

❸ 화살표 키를 누르면 해당 방향으로 이동하도록 만들기 위해 시작 의 q▼ 키를 눌렀을 때 를 드래그하여 추가하고 키를 '오른쪽 화살표'로 선택한 후 움직임 의 x 좌표를 10 만큼 바꾸기 를 연결하고 값을 '10'으로 변경합니다.

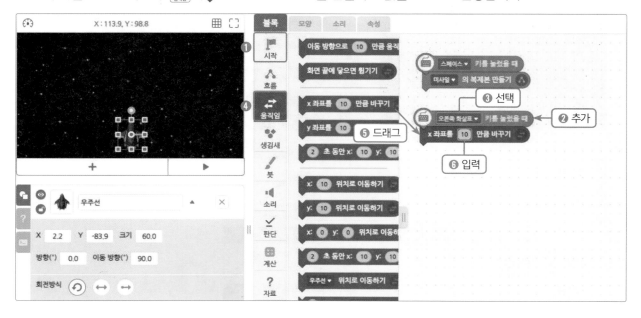

❹ 같은 방법으로 왼쪽 화살표 키를 누르면 x 좌표를 '−10'만큼 바꾸고, 위쪽 화살표 키를 누르면 y 좌표를 '10'만큼 바꾸고, 아래쪽 화살표 키를 누르면 y 좌표를 '−10'만큼 바꾸도록 블록을 추가합니다.

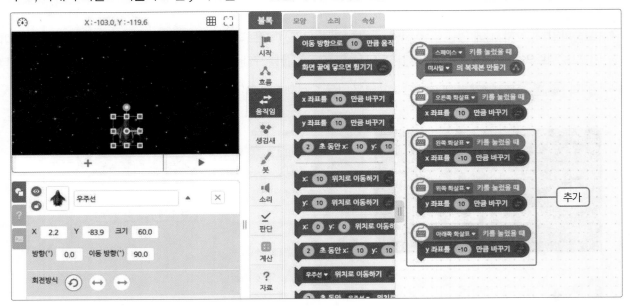

2 복제된 미사일 발사하기

❶ 시작하기 버튼을 클릭하면 '미사일' 오브젝트를 숨기기 위해 '미사일' 오브젝트를 선택하고 의 ▶️시작하기 버튼을 클릭했을 때 를 드래그하여 추가한 후 👾의 모양 숨기기 👾 를 연결합니다.

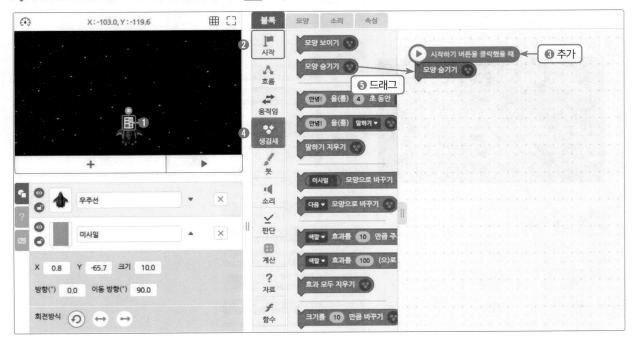

❷ '미사일' 오브젝트를 '우주선' 오브젝트의 위치로 계속 이동시키기 위해 [흐름]의 [계속 반복하기]를 연결하고 [움직임]의
[우주선▾ 위치로 이동하기]를 반복 블록 안에 연결한 후 '우주선'을 선택합니다.

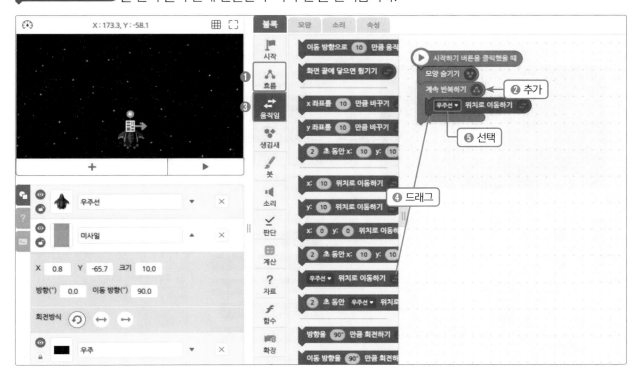

❸ 스페이스 키를 눌러 '미사일' 오브젝트의 복제본이 만들어지면 '미사일' 오브젝트가 보이도록 만들기 위해 [흐름]의
[복제본이 처음 생성되었을때]를 드래그하여 추가한 후 [생김새]의 [모양 보이기]를 연결합니다.

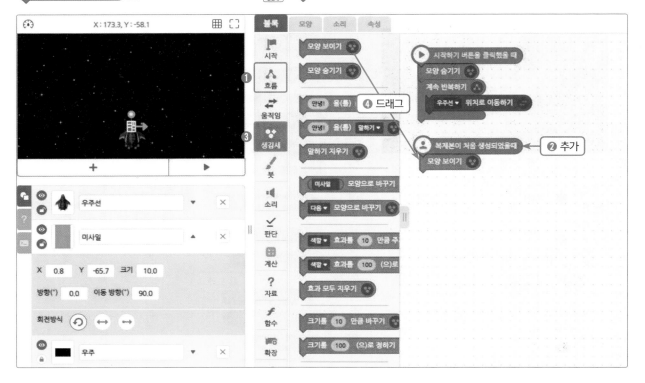

❹ '미사일' 오브젝트를 위쪽 벽에 닿을 때까지 위쪽으로 이동시키기 위해 [흐름]의 [~~~참 이될 때까지▼ 반복하기~~~]를 연결하고 [판단]의 [마우스포인터▼ 에 닿았는가?]를 끼워 넣은 후 '위쪽 벽'을 선택합니다.

❺ 위쪽으로 이동시키기 위해 [움직임]의 [y 좌표를 10 만큼 바꾸기]를 반복 블록 안에 연결한 후 값을 '5'로 변경합니다.

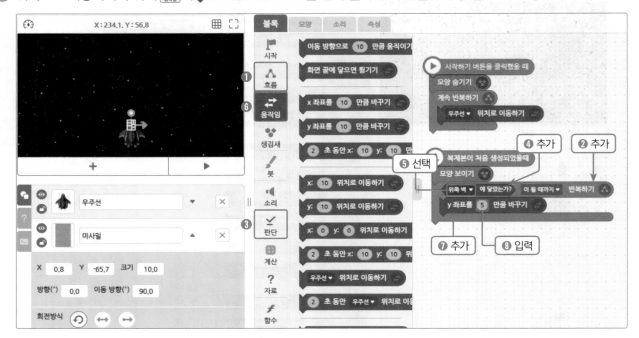

❻ 위쪽 벽에 복제된 '미사일' 오브젝트가 닿으면 모양을 숨기고 복제본을 삭제하기 위해 [생김새]의 [모양 숨기기]를 아래에 연결한 후 [흐름]의 [이 복제본 삭제하기]를 연결합니다.

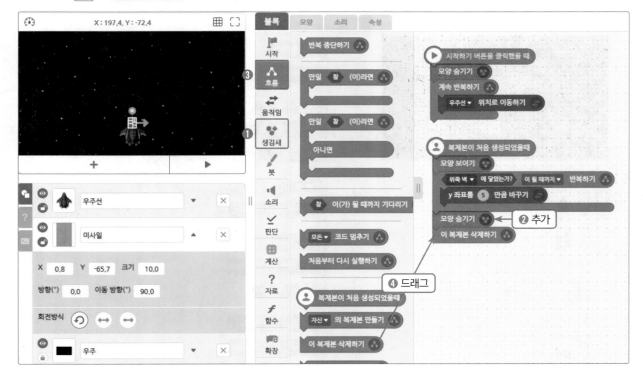

01 왼쪽과 오른쪽 화살표 키를 눌러 던지는 방향을 변경하고 '남자' 오브젝트를 클릭하면 '화살' 오브젝트가 스페이스 키를 누를 때까지 이동 방향으로 움직이도록 코드를 완성해 보세요.

실습파일 : 다트 게임.ent   완성파일 : 다트 게임(완성).ent

'남자' 오브젝트

❶ 마우스를 클릭했을 때 ➜ ❷ '화살'의 복제본 만들기

'화살' 오브젝트

❶ 복제본이 처음 생성되었을 때 ➜ ❷ 모양 보이기 ➜ ❸ 스페이스 키가 눌러져 있을 때까지 ➜ ❹ ❺를 반복하기 ➜ ❺ 이동 방향으로 3만큼 움직이기 ➜ ❻ 오른쪽 화살표 키를 눌렀을 때 ➜ ❼ 이동 방향을 5도 만큼 회전하기 ➜ ❽ 왼쪽 화살표 키를 눌렀을 때 ➜ ❾ 이동 방향을 −5도 만큼 회전하기

02 스페이스 키를 눌렀을 때 '포탄' 오브젝트의 복제본을 만들고 포탄이 오른쪽 벽에 닿을 때까지 오른쪽으로 이동하도록 코드를 완성해 보세요.

실습파일 : 탱크.ent   완성파일 : 탱크(완성).ent

'탱크' 오브젝트

❶ 스페이스 키를 눌렀을 때 ➜ ❷ x 좌표를 −5만큼 바꾸고 ➜ ❸ 0.05초 기다리기 ➜ ❹ '포탄'의 복제본을 만들고 ➜ ❺ x 좌표를 5만큼 바꾸기

'포탄' 오브젝트

❶ 시작하기 버튼을 클릭했을 때 ➜ ❷ 모양 숨기기 ➜ ❸ 복제본이 처음 생성되었을 때 ➜ ❹ 모양 보이기 ➜ ❺ 오른쪽 벽에 닿을 때까지 ➜ ❻ ❼을 반복하기 ➜ ❼ x 좌표를 5만큼 바꾸기 ➜ ❽ 모양 숨기기를 하고 ➜ ❾ 이 복제본 삭제하기

스타 배구 선수 되기

아빠와 배구 경기를 보러간 승현이는 음식을 골고루 먹어 키도 많이 크고 운동도 열심히 해서 유명한 배구 선수가 되고 싶어요. 승현이가 배구 연습을 할 수 있도록 여러분이 배구 게임을 만들어 주세요.

학습목표

▸ 배구공이 날아오는 장면을 만들 수 있습니다.
▸ 오브젝트가 자연스럽게 점프하는 동작을 만들 수 있습니다.
▸ 두 개의 조건이 모두 만족할 때 블록을 실행시킬 수 있습니다.

실습파일 : 배구선수.ent   완성파일 : 배구선수(완성).ent

MISSION

배구 선수가 자연스럽게 점프를 하는 모습을 만들고 배구공이 날아와 점프를 하는 배구 선수나 왼쪽 벽에 닿으면 처음 출발한 위치로 이동해 다시 날아오도록 만듭니다.

배구공은 오른쪽에서 왼쪽으로 이동하고
배구 선수나 왼쪽 벽에 닿으면 처음 위치에서 다시 반복

점프 ⓪

배구 선수는 자연스럽게 점프

점프 2.30

☑ 사용할 주요 블록

참 이 될 때까지 ▾ 반복하기	조건이 참이 될 때까지 감싸고 있는 블록들을 실행합니다.
참 이(가) 될 때까지 기다리기	조건이 참이 될 때까지 아래 블록을 실행하지 않고 기다립니다.
참 또는 ▾ 거짓	두 조건 중 하나라도 참인 경우에는 참으로 판단합니다.

자연스럽게 점프하는 동작 만들기

❶ [실습파일]-[23차시]에 있는 '배구선수.ent'를 불러온 후 점프하는 동작 값을 저장하는 변수를 만들기 위해 [속성] 탭-[변수]-[변수 추가하기]를 클릭합니다.

❷ 변수 이름에 "점프"를 입력하고 [확인] 버튼을 클릭합니다.

❸ [블록] 탭을 클릭하고 점프 동작을 계속 반복할 수 있도록 만들기 위해 '배구선수' 오브젝트를 선택한 후 의 를 드래그하여 추가하고 의 를 아래에 연결합니다.

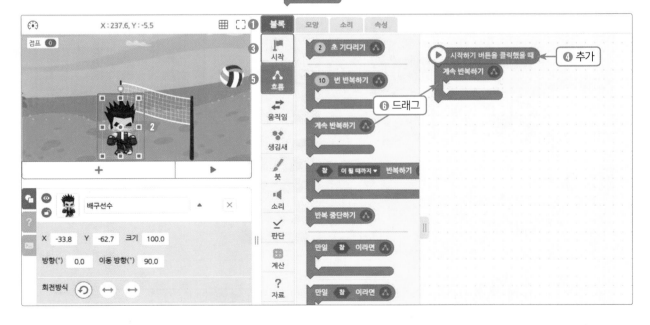

④ 의 〔참 이(가) 될 때까지 기다리기〕를 반복 블록 안에 연결하고 조건 입력란에 〔판단〕의 〔q ▼ 키가 눌러져 있는가?〕를 끼워 넣은 후 키를 '위쪽 화살표'로 변경합니다.

⑤ 〔자료〕의 〔점프 ▼ 를 10 (으)로 정하기 ?〕를 아래에 연결하고 값을 '8'로 변경합니다.

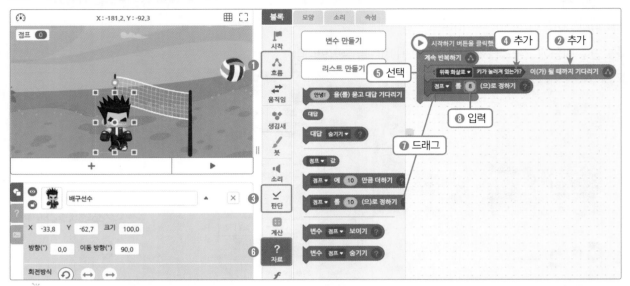

> 시작하기 버튼을 클릭한 후 '위쪽 화살표' 키가 눌러지기 전까지 아래쪽 블록을 실행하지 않습니다. '위쪽 화살표' 키가 눌러지면 '점프' 변수값을 '8'로 지정합니다.

⑥ 의 〔참 이 될 때까지 ▼ 반복하기〕를 아래에 연결하고 조건 입력란에 〔판단〕의 〔마우스포인터 ▼ 에 닿았는가?〕를 끼워 넣은 후 키를 '아래쪽 벽'으로 변경합니다.

⑦ 〔움직임〕의 〔y 좌표를 10 만큼 바꾸기〕를 아래에 추가하고 좌푯값에 〔자료〕의 〔점프 ▼ 값〕을 끼워 넣습니다.

> 아래쪽 벽에 닿을 때까지 '배구선수' 오브젝트를 '점프' 변수값만큼 y 좌푯값을 변경합니다.

⑧  의 `점프 ▼ 에 10 만큼 더하기` 를 아래에 연결하고 값을 '-0.3'으로 변경합니다. `y 좌표를 10 만큼 바꾸기` 를 조건 블록 아래에 연결하고 값을 '5'로 변경합니다.

자연스러운 점프 동작 만들기

- 점프 동작에서 위로 올라가거나 아래로 내려올 때 속도가 똑같으면 자연스럽지가 못합니다. 위로 올라갈수록 속도가 느려졌다가 아래로 내려올수록 속도가 빨라지도록 만들어야 자연스러운 동작이 됩니다.
- 위쪽 화살표키를 누르면 이동 거리가 8부터 시작해서 0.3씩 줄어들어 8→7.7→7.4→7.1→6.8→…→0.2로 변하면서 위로 이동하므로 속도가 느려지고, 이어서 변수 값이 음수가 되면 -0.1→-0.4→-0.7→-1.0→-1.3…으로 변하면서 아래로 이동하므로 속도가 빨라집니다.
- 마지막 블록에서 y 좌표의 값을 5만큼 바꾸는 이유는 아래쪽 벽에 닿은 상태에서 반복되면 위쪽 화살표 키를 다시 눌러도 동작을 하지 않으므로 조금 위로 이동시켜 아래쪽 벽에 닿지 않도록 만들기 위해서입니다.

음수가 되면 아래 방향으로 이동하기를 아래쪽 벽에 닿을 때까지 반복하기

……

y 좌표를 6.8만큼 바꾸기

y 좌표를 7.1만큼 바꾸기

y 좌표를 7.4만큼 바꾸기

y 좌표를 7.7만큼 바꾸기

y 좌표를 8만큼 바꾸기

❶ 배구공을 오른쪽에서 왼쪽으로 이동시키기 위해 '배구공' 오브젝트를 선택하고 [시작]의 ▶시작하기 버튼을 클릭했을 때 를 드래그 하여 추가한 후 [흐름]의 [계속 반복하기] 를 아래에 연결합니다.

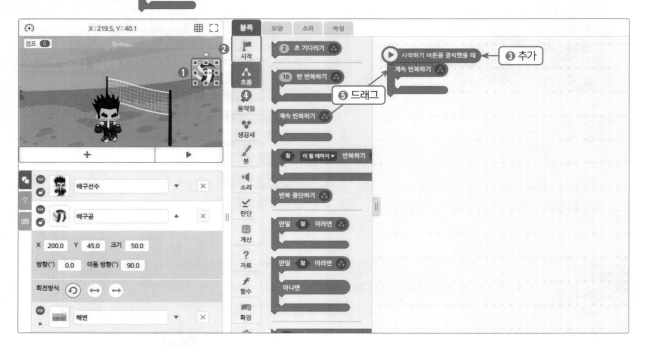

❷ [흐름]의 [만일 참 (이)라면] 을 반복 블록 안에 연결하고 [판단]의 [참 그리고▼ 참]을 조건 입력란에 끼워 넣은 후 '또는'으로 변경합니다.

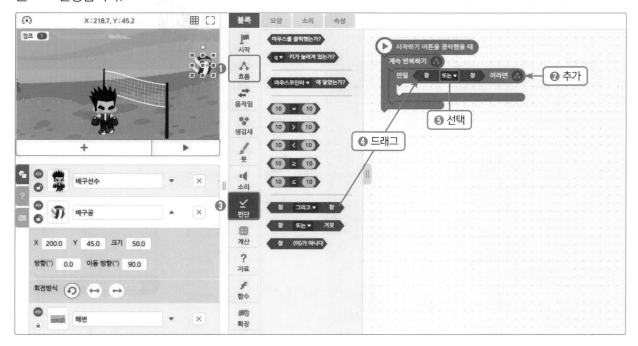

❸ 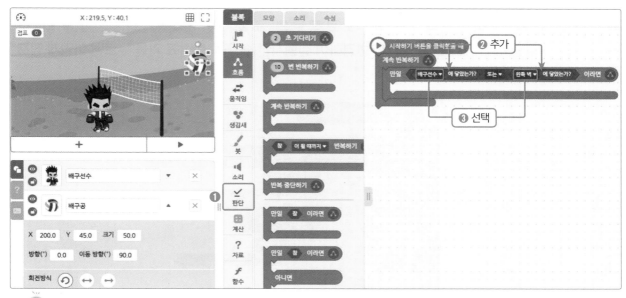 판단 의 `마우스포인터 ▾ 에 닿았는가?`를 왼쪽과 오른쪽에 각각 끼워 넣은 후 왼쪽에는 '배구선수'로, 오른쪽에는 '왼쪽 벽'으로 변경합니다.

'배구선수' 오브젝트나 왼쪽 벽에 닿으면 배구공을 처음 위치로 이동시키기 위해 조건을 만듭니다.

❹ 조건을 만족하면 오브젝트가 처음에 위치한 곳으로 이동시키기 위해 움직임 의 `x: 0 y: 0 위치로 이동하기`를 조건 블록 안에 연결하고 x 좌표를 '200'으로, y 좌표를 '45'로 변경합니다.

❺ 왼쪽으로 오브젝트를 이동시키기 위해 움직임 의 `x 좌표를 10 만큼 바꾸기`를 조건 블록 아래에 연결한 후 값을 '-3'으로 변경합니다.

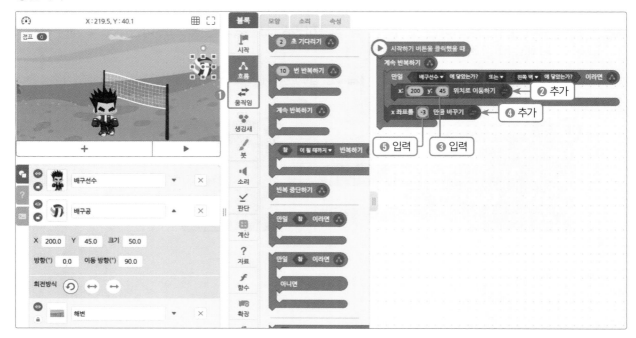

01 앞서 작성한 '배구선수' 오브젝트의 코드 중 [점프▼ 를 10 (으)로 정하기 ?] 의 값과 [점프▼ 에 10 만큼 더하기 ?] 의 값을 변경하여 실행시킨 후 위쪽 화살표 키를 누르면 어떻게 점프 동작이 달라지는지 적어보세요.

> ▶ 시작하기 버튼을 클릭했을 때
> 계속 반복하기 ∧
> > 위쪽 화살표▼ 키가 눌러져 있는가? 이(가) 될 때까지 기다리기 ∧
> > 점프▼ 를 8 (으)로 정하기 ?
> > 아래쪽 벽▼ 에 닿았는가? 이 될 때까지▼ 반복하기 ∧
> > > y 좌표를 점프▼ 값 만큼 바꾸기 ⟳
> > > 점프▼ 에 -0.3 만큼 더하기 ?
> > y 좌표를 5 만큼 바꾸기 ⟳

> • 점프 변수의 값을 크거나 작게 하면? [   ]
> • 점프 변수에 더하는 값을 크거나 작게 하면? [   ]

02 위아래로만 점프하는 것이 아니라 점프하면서 오른쪽과 왼쪽으로 이동하도록 '배구선수' 오브젝트에 코드를 추가해 보세요.

실습파일 : 점프하면서 이동하기.ent   **완성파일** : 점프하면서 이동하기(완성).ent

> ▶ 시작하기 버튼을 클릭했을 때
> 계속 반복하기 ∧
> > 만일 오른쪽 화살표▼ 키가 눌러져 있는가? 이라면 ∧
> > > x 좌표를 2 만큼 바꾸기 ⟳

> ▶ 시작하기 버튼을 클릭했을 때
> 계속 반복하기 ∧
> > 만일 왼쪽 화살표▼ 키가 눌러져 있는가? 이라면 ∧
> > > x 좌표를 -2 만큼 바꾸기 ⟳

프로 게이머 되기

24

게임을 좋아하는 현식이는 커서 프로 게이머가 되는 것이 꿈이에요. 여러분이 엔트리로 점수가 표시되는 게임을 만든 후에 어떻게 게임을 해야 높은 점수를 얻을 수 있는지 현식이에게 알려 주세요.

학습 목표
▸ 변수를 만들어 게임 점수를 누적할 수 있습니다.
▸ 게임이 끝나면 다른 장면으로 이동하게 만들 수 있습니다.
▸ 게임을 다시 시작하기 위해 초기화할 수 있습니다.

실습파일 : 우주괴물.ent   완성파일 : 우주괴물(완성).ent

MISSION

시작하기를 클릭하면 임의의 위치에서 괴물이 아래로 떨어지고 우주선을 방향키로 이동하면서 스페이스 키를 누르면 미사일이 발사됩니다. 괴물이 미사일과 닿으면 복제본이 사라지고 괴물이 아래쪽 벽이나 우주선에 닿으면 장면 2로 이동합니다. 장면 2에서 오브젝트를 클릭해 다시 게임을 시작할 수 있도록 코드를 완성해 보세요.

✔ 사용할 주요 블록

처음부터 다시 실행하기	작품을 처음부터 다시 실행합니다.
점수▾ 에 1 만큼 더하기	선택한 변수에 입력한 값을 더합니다.

변수 만들어 점수 누적하기

① [실습파일]-[24차시]에 있는 '우주괴물.ent'를 열고 점수를 누적할 변수를 만듭니다. [속성] 탭-[변수]-[변수 추가하기]를 클릭하고 변수 이름을 "점수"로 입력한 후 [확인] 버튼을 클릭합니다.

 실습 파일에는 다음과 같은 코드가 미리 만들어져 있습니다. 먼저 시작하기를 클릭해 어떻게 동작하는지 확인해 보세요.

- 방향키를 이용해 '우주선' 오브젝트를 이동하고 스페이스 키를 누르면 '미사일'의 복제본 만들기
- '괴물' 오브젝트는 임의의 위치로 이동해 복제본을 만들고 아래쪽 벽에 닿을 때까지 아래쪽으로 이동하면서 아래쪽 벽에 닿거나 우주선에 닿으면 '장면 2'를 시작하고 미사일에 닿으면 복제본 삭제하기
- '미사일' 오브젝트는 우주선 위치로 이동하고 복제본이 생성되면 위쪽으로 이동하기

② '미사일'과 '괴물' 오브젝트가 닿으면 점수를 1점씩 추가하기 위해 [블록] 탭을 클릭하고 '미사일' 오브젝트를 선택한 후 [흐름]의 복제본이 처음 생성되었을때 를 드래그하여 추가하고 [흐름]의 계속 반복하기 를 연결합니다.

③ 【흐름】의 █████████████ 을 반복 블록 안에 연결하고 【판단】의 ◀ 마우스포인터 ▾ 에 닿았는가? ▶를 조건 입력란에 끼워 넣은 후
'괴물'로 변경합니다.

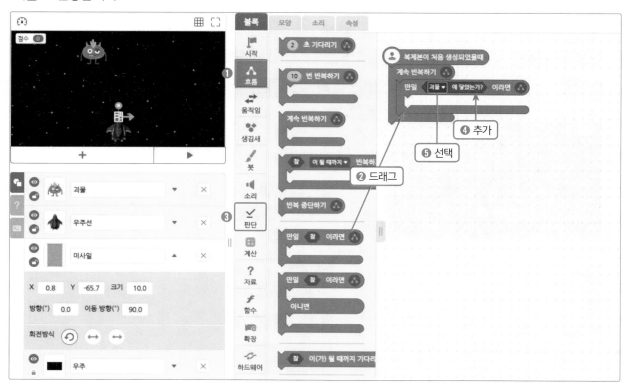

④ 【자료】의 ◀ 점수 ▾ 에 10 만큼 더하기 ? ▶를 조건 블록 안에 연결하고 값을 '1'로 변경한 후 【흐름】의 ◀ 2 초 기다리기 ▾ ▶를 연결하고 초
를 '0.1'로 변경합니다.

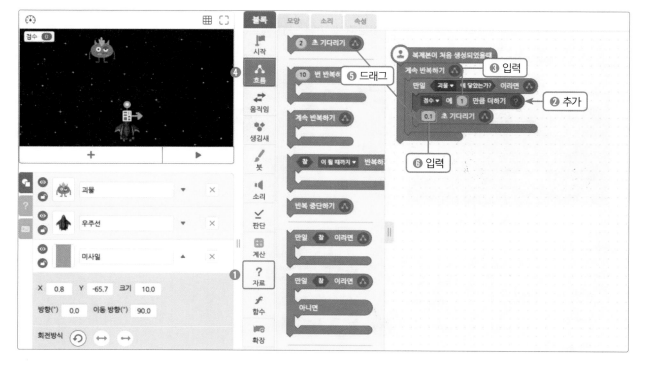

② 점수 말하고 다시 시작하기

① '점수' 변수의 점수를 말하게 하기 위해 '장면 2'를 선택하고 '괴물1' 오브젝트를 선택합니다. 의 장면이 시작되었을때 를 드래그하여 추가한 후 생김새의 안녕! 을(를) 4 초 동안 말하기▼ 를 연결한 후 초를 '2'로 변경합니다.

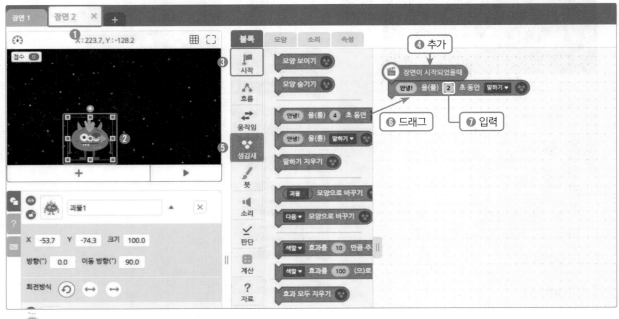

'괴물' 오브젝트가 아래쪽 벽에 닿거나 '우주선' 오브젝트에 닿으면 '장면2'가 시작되도록 코딩되어 있습니다.

② 계산의 안녕! 과(와) 엔트리 를 합치기 를 말 입력란에 끼워 넣고 왼쪽에는 "당신의 점수는"을 입력한 후, 오른쪽에는 의 점수▼ 값 을 끼워 넣습니다.

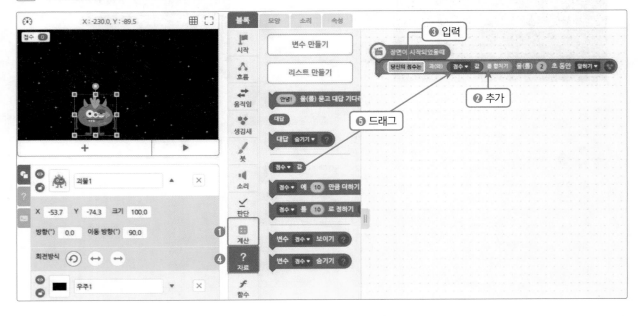

❸ 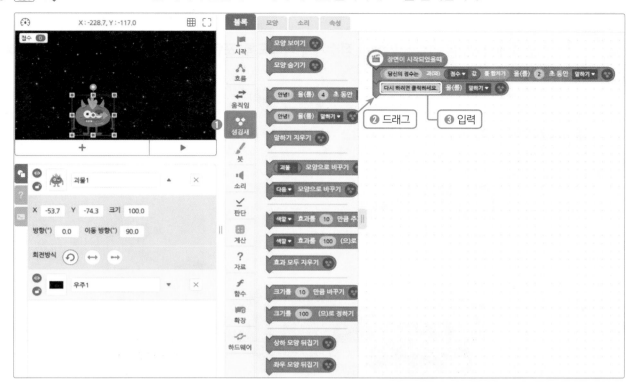 의 안녕! 을(를) 말하기 를 아래에 연결하고 "다시 하려면 클릭하세요."를 입력합니다.

❹ 오브젝트를 클릭했을 때 게임을 처음부터 다시 실행시키기 위해 시작 의 오브젝트를 클릭했을 때 를 드래그하여 추가하고 흐름 의 처음부터 다시 실행하기 를 연결합니다.

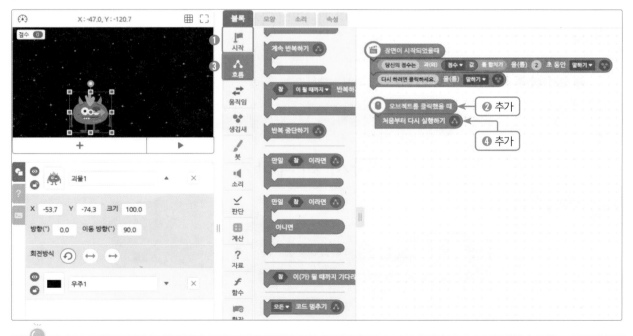

처음부터 다시 실행하기 는 모든 값을 초기화하고 처음부터 다시 실행합니다.

01 장면 1에서 '점수' 변수를 만들어 점수가 누적되도록 '포탄' 오브젝트를 선택해 코드를 완성해 보세요.

실습파일 : 탱크 전투.ent   완성파일 : 탱크 전투(완성).ent

❶ 복제본이 처음 생성되었을 때 ➔ ❷ ❸~❽을 계속 반복하기 ➔ ❸ 만일 ➔ ❹ '탱크2'에 닿으면 ➔ ❺ '점수' 변수에 1만큼 더하고 ➔ ❻ 0.1초 기다리기 ➔ ❼ 모양을 숨기고 ➔ ❽ 이 복제본 삭제하기

02 장면 2에서 글자를 클릭하면 게임이 처음부터 다시 실행되도록 코드를 완성해 보세요.

❶ 오브젝트를 클릭했을 때 ➔ ❷ 처음부터 다시 실행하기